AF495164

Un Séjour aux Pays des Califes

SOUVENIRS ET ANECDOTES DE LA CARRIÈRE

PAR C. DORVILLE

Consul de France en retraite

Membre de la Société Asiatique, etc., etc.

BORDEAUX

IMPRIMERIE BARTHÉLEMY & CLÈDES

8bis, Rue des Frères-Bonie, 8bis

1923

PRÉFACE

Les ouvrages publiés par quelques voyageurs sur les mœurs, les lois et les coutumes qui régissent les Orientaux offrent la plupart du temps des lacunes regrettables. Cependant ils sont dignes d'excuse.

En effet, quelques-uns passent emportés dans le tourbillon de la vitesse. Ignorant les mœurs et la langue du pays, ils se voient à la merci de guides qui leur fournissent des renseignements la plupart du temps incomplets et sur lesquels il leur est difficile de tabler.

D'autres, attirés par des recherches scientifiques, passent à côté des menus incidents de la vie orientale, sans s'y arrêter.

De plus, les Consuls, fixés dans ces régions, astreints à une besogne parfois pénible, dans des climats qui leur laissent peu de loisirs pour étudier et écrire, cédant à leur propre désir de changer de résidence ou appelés par ordre ministériel à se déplacer brusquement, ne peuvent, sous certaines latitudes, consigner les remarques qu'ils font sur les manifestations de la vie indigène, sur les tableaux innombrables qui se présentent à leurs yeux.

Que de détails inédits, que d'épisodes charmants et sublimes, se passent à l'ombre du drapeau tricolore et s'évanouissent, sans que le lecteur, avide de documents, en puisse être jamais informé !

J'ai donc cherché, grâce aux souvenirs que ma mémoire a pu conserver de ces longues années de ma carrière en Orient, à fixer tout ce que j'ai recueilli sur les coutumes, les mœurs et la langue des pays où j'ai vécu, à énumérer tout ce qui peut intéresser sur la faune, la flore et le commerce de ces régions, et à rappeler les incidents comiques et tragiques dont j'ai été le témoin ou la victime, espérant que le lecteur, aimant l'anecdote, pourra y trouver, tout comme le savant ou le politicien, matière à réflexion sur la vie des Consuls en Orient.

CHAPITRE PREMIER

SOMMAIRE : Départ de Marseille. — Le Stromboli. — L'Etna. Alexandrie. — Port-Saïd. — Jaffa. — Beyrouth. — Le Consulat Général. — Route de Damas. — La chaise de Poste. — Le Liban.

MARSEILLE, *Septembre 1887.*

Le paquebot *Le Niger,* de la Compagnie des Messageries Maritimes, Courrier de Syrie, va lever l'ancre. Les passagers sont à bord; le pont et les salons sont envahis par la foule, car une troupe d'opérette va gagner le Caire pour la saison d'hiver; c'est l'heure des derniers adieux.

Des groupes amis sont venus accompagner un marchand qui retourne en Egypte; des parents viennent embrasser leur fils appelé par une maison de commerce d'Alexandrie.

Seuls, appuyés sur la lisse, des Pères de Terre Sainte, des Lazaristes, des Frères des Ecoles Chrétiennes, qui vont s'égrener à chaque escale du navire, entourent quelques Sœurs de Charité appelées à Jérusalem et tâchent de calmer leur appréhension sur la traversée toujours féconde en incidents. Mais le visage de ces saintes femmes ne trahit aucune émotion; n'entrevoient-elles pas, en effet, au-delà de l'horizon, les rives où va s'opérer leur débarquement en Terre Sainte ?

Toutes ces figures sont radieuses; pour les Pères, qui vont porter la bonne parole dans des endroits fanatiques et malsains, qui vont, en véritables pionniers, travailler en avant-garde pour étendre au loin le prestige de la France, n'est-ce pas pour eux, dis-je, une mission sacrée ?

Je me rends compte moi-même, isolé sur le pont, de toutes les pensées qui émeuvent le cœur de tous ces passagers et je ne puis me défendre d'un sentiment de tristesse.

Appelé au Consulat de Damas en qualité d'Elève-Drogman, quelques jours après, je quittai cette délicieuse Côte d'Argent où l'Océan déferle avec ce grondement qui semble la respiration de notre planète; j'abandonnai ces dunes et ces forêts magnifiques qui sont le joyau du Sud-Ouest de la France, dont les lacs rappellent les solitudes du Canada et dont les échappées sur le bassin d'Arcachon semblent un décor d'Orient.

Je laissai, de plus, une mère éplorée par cette séparation.

Je me remémore à bord, tous ces souvenirs, lorsqu'un dernier coup de cloche se fait entendre; parents, amis, mercantis, se serrent une dernière fois la main et descendent. *Le Niger* largue ses amarres et s'engage doucement dans la passe. Les mouchoirs s'agitent, les mains envoient un dernier baiser; puis, les objets se rapetissent. Quelques minutes après, la côte de France s'estompait déjà dans la brume.

Au dîner, la conversation s'engage d'un bout de table à l'autre; quelques passagers, soit par émotion du premier voyage, soit par tristesse, ne soufflent mot.

Le navire, pris par le travers par une forte brise, roule consciencieusement. Déjà, quelques Sœurs de Charité se sont éclipsées; un instant après, un voyageur de commerce fuit hâtivement; les Pères, devenus blêmes, s'excusent et gagnent leurs cabines; devant moi, quelques passagers ont également disparu.

Le Docteur du bord et le Commandant se regardent d'une façon significative car, j'ai tenu jusqu'au bout; mais, je me sens chaviré, j'ai hâte de respirer le grand air et je fuis à mon tour.

Nuit tumultueuse; le vent a augmenté de violence et *Le Niger* contourne la Corse pour se mettre à l'abri.

Le lendemain, nous entrons dans le détroit de Bonifacio; la tempête avait cessé et par un soleil radieux, nous nous dirigeons vers le détroit de Messine.

Que ceux qui ne connaissent pas les affres du mal de mer, ne sourient pas ! Bien rares sont les passagers qui n'en sont pas atteints et le marin lui-même n'est pas tout à fait à l'abri.

Je me rappelle, en effet, une traversée que je fis longtemps après entre Oran et Mélilla, à bord de l'*Emir* de la Compagnie Touache. La mer était démontée; le navire naviguant sur lest roulait bord sur bord; la plupart du temps, le tangage était si violent que l'hélice affolée tournait à vide. Le vent nous poussait sur la côte du Rif.

La nuit fut épouvantable; le navire tint bon, mais le matin, l'équipage me semblait décoloré; le visage des officiers, qui, en somme, avaient passé la nuit sur la passerelle, était glauque et je me suis longtemps souvenu de la faiblesse extrême que je ressentis dès que l'*Emir* eut jeté l'ancre devant Mélilla.

Bref, le beau temps est revenu; le *Niger* entre dans le détroit; tout le monde est sur le pont. Déjà, la brise chaude du Sud a rendu la vigueur aux malades. Messine, Reggio, nous envoient les effluves balsamiques de leurs jardins.

Nous dépassons Charybe et Scylla; le Stromboli, peu à peu, disparaît dans le lointain et l'Etna dont le sommet est couvert de neige, laisse échapper de son cratère une colonne de fumée.

Spectacle toujours imposant, qu'on ne peut se lasser de contempler, surtout lorsque le volcan est en éruption la nuit.

Dans un de mes voyages de retour, le Stromboli nous offrit ce tableau sublime que nous pûmes contempler à la lunette, le Commandant du vapeur donna, de plus, l'ordre de se rapprocher légèrement de la côte.

Au loin, la mer, le détroit, la montagne rougeoyaient; une fumée embrasée couronnait le volcan. La lave serpentait en dévalant de la montagne et se jetait dans la mer en grondant. Des colonnes de vapeur fusaient vers le ciel; la houle était formidable et le fond de la mer paraissait subir les soubresauts terribles de quelque Titan.

La campagne semblait en feu et on eût cru que les quelques villages de pêcheurs, bâtis sur les hauteurs, flambaient dans la fournaise. Mais la lave suit une route immuablement tracée; aussi, les pêcheurs, nés sur ces rivages, s'inquiètent fort peu du cataclysme.

Vision d'épouvante et d'horreur. Cependant, le Stromboli est le plus inoffensif des trois volcans qui jalonnent la route.

Quelques années après, ce fut l'Etna, ensevelissant sous leurs ruines, Messine et Reggio, et plus tard, le Vésuve renouvelant les désastres qui fondirent sur Herculanum et Pompéï, en 79 de notre ère.

Le Niger poursuit rapidement sa route vers Alexandrie; la mer est belle, aussi le calme est revenu à bord. Le cinquième jour, au matin, le Phare et la côte basse du Delta se précisent à l'horizon; Alexandrie est bientôt en vue et après les formalités remplies par le Service de Santé, le paquebot jette l'ancre dans le port.

Les bateliers arabes se sont précipités; de toutes parts, ils envahissent le pont du navire et se précipitent dans les cabines.

Le soleil d'Egypte donne une tonalité aiguë à tous ces haillons, dore le bronze de tous ces bateliers et portefaix et je profite de quelques instants de loisir pour visiter sommairement la ville et le port.

Alexandrie, ville cosmopolite de toute éternité, a gardé ce cachet d'exotisme que lui ont imprimé tour à tour ses conquérants. La colonne de Pompée laisse le voyageur pensif, songeant au drame qui se déroula à sa base et le Phare rappelle à l'imagination tous ces navigateurs phéniciens, grecs, romains, arabes partant dans toutes les directions de la Mer Intérieure, guidés par les lueurs du brasier.

C'est Rome, puis l'invasion arabe, les Croisades, tout autant de bouleversements qui ont accumulé les ruines, non seulement à Alexandrie, mais dans l'Egypte entière.

Ce sont, en effet, des décombres immenses de civilisations millénaires que le simoun a recouverts d'un suaire de sable, et l'Islam, qui se plaît à tout niveler, semble avoir, de concert avec le soleil, endormi à jamais ces régions dont le silence n'est interrompu que par la sirène des paquebots ou le sifflet des locomotives.

Après avoir touché Port-Saïd, *Le Niger* se dirige aussitôt vers Jaffa. Bien des choses ont changé à bord; bon nombre de voyageurs et de prêtres nous ont quittés à Alexandrie; ce sont des Levantins et des Arabes de Syrie qui les ont remplacés et le gaillard d'avant est encombré par une multitude de femmes arabes, enveloppées dans leur voile comme des ballots.

Dès que le navire a jeté l'ancre, le bord est immédiatement envahi par une bande de bateliers, gaillards robustes et vigoureux, qui donnent bien l'idée du corsaire d'antan; farouches et brutaux, ils ont peu d'égards pour le voyageur. Le pourboire qui leur est jeté a l'air de les calmer, tel l'os qui apaise instantanément le dogue en furie.

Le navire, exposé à toutes les sautes de vent, ne peut s'attarder à Jaffa, car la mer y est toujours mauvaise.

Malgré tout, je m'empresse de débarquer; une barcasse se présente; la houle la soulève à hauteur de l'échelle, je m'y jette, tel un colis, et bondissant sur la crête des vagues, dévalant dans les creux, nous arrivons au débarcadère. Une ceinture de récifs entoure ce port minuscule; une passe étroite y donne accès. Les bateliers habiles amènent la barcasse à l'entrée; une vague énorme la soulève et la porte doucement à l'intérieur. Un mauvais coup d'aviron pouvait nous faire briser sur le rocher, mais cela est fort rare à Jaffa.

La ville bâtie en amphithéâtre est fort curieuse et n'a point subi de changement depuis Bonaparte. Les jardins qui l'entourent sont agréables; le citronnier, l'oranger, le grenadier y fleurissent au milieu des cactus, et les palmiers y balancent mollement leurs magnifiques panaches.

Mais déjà, *Le Niger* rappelle ses passagers et la poste. Je rembarque immédiatement, car le mauvais temps se fait sentir, quelquefois, par la violence du vent et des courants, les navires chassent sur leurs ancres; en effet, peu de temps après, et dans les mêmes circonstances, le croiseur *Le Seignelay* fut drossé à la côte et s'y perdit.

Un vent d'ouest fait rouler fortement *Le Niger* et après une nuit mouvementée, le lendemain matin à l'aube, le ronronnement de l'hélice diminue et s'arrête tout-à-coup. Le calme se fait; je me hâte d'aller sur le pont et suis ravi du spectacle qui s'offre à mes yeux.

Beyrouth est devant moi, ses maisons blanches escaladant la montagne. Les minarets de ses mosquées, les Consulats étrangers dont les pavillons claquent au vent, attirent les regards. Un monument frappe immédiatement la vue; par la hauteur de ses murailles et sa situation dominante, le Collège des Jésuites semble à jamais fixé sur le roc et atteste l'éternité de l'Eglise.

Les cimes couvertes de neige s'irisent et la lumière s'irradie de toutes parts, au loin sur les cèdres millénaires, plus bas sur la montagne et ses contreforts et vient, enfin, se réfléchir sur la mer qui miroite à l'infini.

Les teintes sombres allant du marron foncé au violet, se jouent dans les vallées, disparaissent aussitôt pour être remplacées par un jaune foncé, jusqu'à ce que le soleil, éclairant les cimes, vienne rendre à la verdure et aux choses leurs couleurs véritables.

Il est de fait qu'en Orient, les teintes diffèrent, au lever et au coucher du soleil, de celles que nous pouvons constater en Occident. Le peintre orientaliste qui joue avec l'ocre, le cobalt, le vermillon est difficilement cru; sa palette est cependant des plus vraies. On trouve dans les levers de soleil des montagnes du Liban, le marron sombre, le violet et le noir.

Les couchers de soleil en Egypte fondent les Pyramides dans l'or et le rubis; ceux de Suez mêlent des bandes de rouge pourpre à la lie de vin et à l'orangé; à Djebel-Tor, dans le golfe de Suez, la montagne, qui a surgi de terre, telle une muraille, se perd dans la nuit, après s'être irradiée de mauve et de rose tendre.

Djeddah, dans la Mer Rouge, blanchit instantanément quelquefois dans un ciel de cobalt. Alger, a des couchers de soleil tantôt entièrement jaunes et tantôt la ville s'endort dans une teinte violette. Que dirai-je de Mascate, dans le golfe Persique, que le simoun brûle nuit et jour pendant trois mois et où le soleil rougeoyant semble, matin et soir, recouvrir une fournaise?

Tableaux incomparables, que le peintre peut à peine fixer vu leur instantanéité et dont la vérité est mise en doute par l'œil de l'Européen sédentaire.

Le Niger, signalé depuis longtemps, est attendu. De nombreuses embarcations accostent, et je prends congé du Commandant, du Docteur et des Officiers qui ont été si affables pour moi dans cette traversée.

Je profite de cette circonstance pour faire l'éloge de la Compagnie des Messageries Maritimes. J'ai sillonné en tous sens la Méditerranée à bord de ses paquebots. J'y ai toujours trouvé la même urbanité, le même empressement et le soin jaloux de veiller sur les bagages. L'embarquement à la Joliette est irréprochable; les colis des voyageurs, pris à l'hôtel, sont confiés à la Compagnie et leur embarquement est des plus sûrs. Il n'en est pas ainsi chez certaines compagnies de navigation de Marseille, dont l'appontement est rudimentaire; nul cas n'est fait des colis qui vous sont quelquefois arrachés des mains par des portefaix irresponsables; le débarquement se faisant en hiver à la lueur douteuse de quelques quinquets.

A peine débarqué, je gagne l'hôtel et peu après, ma première visite est pour le Consul général de France, M. le Vicomte de Petiteville.

Il est d'usage en Syrie que toutes les attentions sont pour l'Elève-Drogman. Après les présentations d'usage au Consulat général, un cawas est envoyé à la Douane pour retirer mes colis qui, suivant les conventions diplomatiques, ne sauraient être ouverts.

Le lecteur n'ignore pas que les cawas sont les gardes du corps des Consuls en Orient et servent en même temps de gendarmes. Leur uniforme bleu foncé soutaché de broderies d'or, leur yatagan, leur belle prestance à cheval, rehaussent la pompe officielle des Consulats et des cortèges. De plus, étant au service des Consuls, ils acquièrent de ce fait la protection française.

Je fus invité à déjeuner par M. de Petiteville; dans ce décor délicieux, le charme que répandait autour d'elle la Vicomtesse de Petiteville, sa grâce, son amabilité, restèrent gravés dans ma mémoire.

Les quelques jours que je passai à Beyrouth, avant mon départ pour Damas, furent pour moi des plus agréables; tout y incite à la joie et au bien-être; les promenades à cheval aux Pins, à Ras-Beyrouth, sur le bord de la mer, et dans la campagne sont des plus goûtées. D'ailleurs, le séjour, bien que chaud et humide en été, n'est point trop débilitant, car la montagne offre des ressources à proximité. Les Diplomates et les Consuls vont en villégiature à Aley, sur les contreforts du Liban, et redescendent chaque matin à leurs occupations.

La ville, qui compte à peu près 85.000 âmes, n'offre rien de curieux au point de vue antiquités, car tout ce qui restait de l'ancienne Beryte a disparu.

La population se compose en majeure partie de musulmans et de chrétiens. Un antagonisme irréductible existe entre ces deux confessions. Les musulmans fanatiques se ruent quelquefois sur ces derniers. D'atroces vengeances s'ensuivent et le Gouvernement ottoman finit par régler le conflit à la satisfaction de ses coreligionnaires.

Malgré tout, en Syrie, à ce moment-là, la vie était agréable aux Consuls. Les relations avec le Gouvernement turc étaient des plus faciles. Notre influence était encore intacte dans ces régions et les quelques années que j'y ai passées ont été les plus douces de ma carrière.

Mais l'heure du départ pour Damas approche;

c'est en chaise de poste que je vais rejoindre cette dernière ville. Je fais mes adieux au Consulat général et prends congé de M. de Petiteville.

La route de Beyrouth à Damas, tracée en 1860, lors de la campagne de Syrie, escalade les contreforts du Liban, redescend et traverse la plaine de la Békaâ, remonte les pentes de l'Anti-Liban et gagne enfin la plaine de Damas qui se trouve à 690 mètres d'altitude.

Une Compagnie française s'engagea à cette époque à assurer le transit des passagers et des marchandises. Les voyageurs font le trajet en 13 heures, dans la belle saison, soit en diligence ou en chaise de poste. (1). Un trafic considérable se fait par roulage vu la modicité des prix de transport.

Il est quatre heures du matin. La chaise de poste est rangée devant la Compagnie, sur la place des Canons, attendant le moment du départ.

Un adieu général et l'équipage s'en va à toute allure dans la direction de la montagne.

La voiture, attelée de trois mules, emporte quatre passagers plus un avec le cocher; sur le haut, une bâche recouvre les bagages.

Je dois dire, en passant, un mot à la louange de ces cochers libanais. Tous chrétiens et taillés en athlètes, ils conduisent l'attelage avec une maëstria sans égale, dans les rampes et dans les descentes vertigineuses au bord des précipices; on sent que l'attelage ne saurait leur échapper. D'une obligeance parfaite envers tous les voyageurs, d'une gaieté brave, ils semblent alléger, par leurs reparties, les fatigues invraisemblables de la route.

Le jour va poindre; l'attelage escalade lentement la montagne, car la route est en laçet. Cette nuit, la lune éclaire magnifiquement le paysage et la mer laiteuse, à l'horizon, semble une opale gigantesque.

---

(1) Actuellement un chemin de fer à crémaillère relie Beyrouth à Damas, et ce voyage, réduit à 7 ou 8 heures, offre au voyageur tout le confort possible et les plus grandes facilités.

Déjà, nous avons trouvé plusieurs relais et nous atteignons le point culminant de la route à Khan-Mourad, qui est à 1397 mètres d'altitude.

Le panorama par ce clair de lune est fantastique; les abîmes que nous avons côtoyés me semblent insondables et bien que la saison ne soit pas très avancée, le vent souffle grand frais sur les hauteurs. Chose extraordinaire; il arrive par rafales et l'écho amplifie ces bruits qui semblent une décharge d'artillerie. Dans le silence de la nuit, sur ces hauteurs et dans ce chaos immense de montagnes qui environne le voyageur, l'effet produit est impressionnant.

Nous atteignons Chtôra, qui est la dernière station du Liban et nous dévalons vers la plaine de la Békaâ

Dans l'antiquité, cette partie de la Syrie fut toujours productive et, actuellement, grâce aux communications et aux facilités procurées par la Com pagnie de la Route, la plaine est verdoyante et prospère. Le blé, l'orge, le seigle, le maïs, la vigne y poussent avec vigueur, et je me rappelle un vin de la Békaâ, que je bus chez les Pères Jésuites de Damas, provenant de leur ferme de Ghazir et dont le bouquet pouvait se comparer à certains de nos graves du Bordelais.

La route se déroule et le coup d'œil est ravissant; le soleil est déjà haut à l'horizon. Toute cette plaine verdoyante chatoie sous ses rayons brûlants et dans le lointain le Sannin et le Mont Hermon, dont les sommets sont couverts de neige, étincellent comme des diamants.

La plaine est traversée au galop et peu à peu nous escaladons les croupes de l'Anti-Liban. Nous atteignons les haltes de Khan-Mourad et de Khan-Dimâs et nous entrons une heure après dans le village de Hamé.

Tous les voyageurs sont d'accord pour affirmer que l'entrée de Damas est féerique. En effet, après avoir abandonné les gorges frustes et ravinées de l'Anti-Liban, on entend à la gauche un bruit assourdissant de cascades; c'est la rivière Barada qui, descendant des contreforts de l'Anti-Liban, se précipite en bondissant vers Damas, pour aller se perdre plus tard dans des lacs au S. E. de la plaine.

La gorge dans laquelle s'engage la route de Damas est assez resserrée et côtoie la rivière; le long de la route, à droite et à gauche, et par étages successifs, des ruisseaux se précipitent en cascades au milieu des fleurs et de la verdure. Les deux côtés de la montagne sont recouverts de saules, de peupliers, de fougères et de mousses.

C'est un décor qu'on ne se lasse pas d'admirer. Nous passons devant le village de Doummar; sur le bord de la route et la surplombant, se trouve une vaste habitation qui fut la résidence d'été de l'Emir Abd-el-Kader.

Un quart d'heure plus tard, la route fait un coude assez brusque. La montagne paraît avoir été déchiquetée par une formidable explosion. Une trouée a été faite et, comme à l'avant-scène d'un théâtre, le voyageur voit s'étaler devant lui un panorama incomparable. Il domine alors Damas, ses minarets, ses mosquées et ses quartiers et la campagne verdoyante s'étend à l'infini.

Une cascade qui tombe à pic de 10 à 12 mètres de haut, semble un rideau de dentelle brusquement replié.

La voiture continue à descendre et le spectacle disparaît.

Que dirai-je de celui qui s'offre au voyageur en Février, alors que la campagne est en fleurs et que les teintes blanches des amandiers alternent avec le rose des pêchers ?

Quelques instants après, les minarets de la Dervicherie se profilent sur le ciel et nous entrons définitivement en ville dans la cour de la Compagnie.

Le Consul de France, M. Péretié, m'avait envoyé un des cawas du Consulat.

Me voici à la première étape de mon voyage et je me sens heureux, malgré les fatigues de la route, car le souhait que j'avais formé, de visiter ces pays, s'est accompli. Mais, je ne prévoyais pas que des éclaboussures sanglantes viendraient, plus tard, le ternir à jamais.

CHAPITRE II

SOMMAIRE : Damas. — Élève. — Drogman et École des Langues orientales. — Le Consulat de France. — Les Druses. — Massacre des Chrétiens en 1860. — L'Émir Abd-el-Kader. — Les bazars. — Le Mouristan. — Le Djérid. — Départ pour le Caire.

Le lendemain matin, je me présentai au Consulat. Mon chef, M. Pérctié, fonctionnaire de la vieille école, connu pour sa fermeté légendaire et son urbanité, me reçoit très aimablement. Les quelques mois que je passai au Consulat de Damas sous sa direction me permirent d'apprécier l'élévation de ses sentiments et la fermeté de ses actes.

En effet, le Consul de France en Orient a de multiples fonctions. Il est officier de l'état civil et notaire; il juge sans appel à son tribunal, au civil et au correctionnel; il est juge d'instruction en matière criminelle; il règle dans les ports les conflits maritimes et transmet les renseignements commerciaux. Il est de plus, parfois, son propre interprète auprès des autorités.

A peu près isolé dans certains postes, vivant quelquefois au milieu de populations barbares où le fanatisme est à haute tension, sa vie est exposée et son seul abri est dans les plis du pavillon tricolore.

Si un conflit inopiné surgit, il est livré à ses seules ressources; il reçoit parfois des instructions contradictoires; en cas de réussite, il n'en retire pas le bénéfice, en cas d'échec, il est sacrifié.

Le Consul, à Damas, a sous ses ordres un Drogman-Chancelier, un Elève-Drogman et un Drogman auxiliaire.

J'arrive donc frais émoulu de l'Ecole des Langues Orientales, en qualité d'Elève-Drogman.

VUE DE DAMAS

Tout d'abord, je me fais un devoir d'initier le lecteur à cette partie du Service diplomatique et consulaire qui tient tant de place en Orient.

L'Ecole Nationale des Langues Orientales, fondée en 1795, par Lakanal et approuvée par décret du Premier Consul, n'a cessé de fournir depuis lors, des interprètes officiels pour l'Ambassade de Constantinople, les Echelles du Levant et l'Extrême-Orient. Elle a de plus, donné à la France des savants et des orientalistes de premier ordre. (1).

Le Premier Drogman de notre Ambassade à Constantinople, ceux de nos Légations au Caire et à Téhéran, les premiers interprètes des Ambassades de France à Pékin et à Tokio, en sortent également. Ils sont, en effet, la cheville ouvrière de ces grands postes diplomatiques.

Connaissant à fond la langue et les usages du pays, initiés de longue date à la versatilité de l'Oriental, eux seuls peuvent se permettre d'entamer cette conversation quasi-familière si chère aux Orientaux.

Ils ont l'oreille des Grands-Vizirs, des Mandarins et des Ministres, et obtiennent souvent par la persuation ce que le Chef de poste, peu au courant des choses de ces régions, compte enlever par intimidation ou par force.

D'ailleurs, ces fonctionnaires arrivent aux plus hauts degrés de la hiérarchie et leur vie est pleine de labeur et d'abnégation.

En effet, les difficultés que présente l'étude des langues orientales, et en particulier l'arabe, le turc, le chinois, soumettent les élèves à une application soutenue, à une tension constante de l'esprit, efforts qui doivent être coordonnés par une mémoire à toute épreuve.

On a allégué quelquefois que les Diplomates n'ont nullement besoin de parler les langues d'Orient et font de meilleure besogne en prenant l'interprète

---

(1) Je ne citerai que pour mémoire, les Sylvestre de Sacy, Barbier de Meynard, Pavet de Courteille, Schefer, Clermont Ganneau, C. Huart, etc.

officiel comme intermédiaire. C'est un sophisme agréable devant la tâche écrasante qui s'impose pour l'acquisition de ces langues.

Pour moi, j'estime qu'un diplomate réglera plus facilement un différend avec les autorités de l'endroit s'il peut se servir à lui-même de truchement.

C'est ce que j'ai pu constater bien souvent, en ma qualité d'interprète; le palabre s'éternisait sur des généralités et force était de recourir à la correspondance.

Dans bien des cas, la solution se trouvait simplifiée par le fait que le fonctionnaire turc savait un peu de français.

Au bout de trois années d'études, les Elèves, qui se sont spécialisés, obtiennent une nomination en qualité d'Elève-Drogman pour les Echelles du Levant et d'Interprètes pour les postes de Chine ou du Japon.

Ces trois années qui ont servi à l'Elève pour acquérir les premières notions des langues orientales, peuvent le mettre à même de lire et traduire les auteurs, mais de là, à parler et écrire la langue, il y a un abîme. C'est par une longue résidence en Orient, que l'Elève finit par accoutumer son oreille aux divers dialectes arabes et aux difficultés des langues turque, persane, chinoise et japonaise.

Pour lui faciliter cette tâche, l'Elève-Drogman est invité à prendre pension, la plupart du temps, dans une famille indigène chrétienne, où il peut entendre à tout instant parler l'arabe. C'est ce qui s'est toujours fait à Damas.

Sur les conseils de M. Péretié, je suis logé dans une famille maronite; son honnêteté est proverbiale et je suis immédiatement traité sur le même pied que le fils de la maison. L'hospitalité arabe m'est accordée de grand cœur dans la famille Séjâan; c'est chez eux, en effet, que j'ai pu m'initier rapidement au dialecte syrien qui offre tant de difficultés au débutant.

Mon installation terminée, comme le labeur du Consulat n'est pas excessif, et après les visites d'usage faites en compagnie de mon chef au Gouverneur du Vilayet, aux Consuls des différentes puissances et aux établissements religieux, je songe à visiter la ville.

Damas, chef-lieu du Vilayet du même nom, est une ville très ancienne, qui compte à peu près 160.000 âmes.

Au temps de l'histoire sainte, elle tombe aux mains des Juifs; puis elle subit les assauts de toutes les races conquérantes qui envahirent la Syrie. Après les Assyriens, les Grecs conduits par Alexandre le Grand s'en emparent; puis viennent les Romains, les Arabes et enfin les Turcs.

Damas est, en effet, à l'orée du désert; sa végétation splendide, l'eau qui s'y trouve en abondance, ont attiré de tous temps à jamais, les Bédouins qui errent dans le désert de Syrie. Rien n'a changé pour eux; depuis les temps bibliques, c'est le même exode du Nord au Sud et de l'Est à l'Ouest, à la recherche du butin et des pâturages.

Son plus grand éclat date de l'installation des Califes Ommiades; puis vinrent les croisades. Des combats furieux se livrèrent autour des murs de Damas, qui résista aux Croisés. Ses murailles étaient, en effet, solidement construites dans ces temps reculés, puisqu'elles défièrent l'assaut de Baudouin. On y voit sur le côté est, des assises de pierre de taille qui devaient mettre la ville à l'abri de toute tentative.

Près de cette muraille, se trouve un endroit appelé « Bostan Essalib (Le jardin de la Croix), où la bataille fut acharnée. Il faut espérer que des fouilles pourront être pratiquées; elles mettront au jour des souvenirs et des reliques du passé. Puis en 1516, le Sultan Sélim entra à Damas; depuis ce temps, elle fait partie de l'Empire Ottoman.

La ville est belle par elle-même; elle possède de jolies mosquées dont les minarets sont élégants; la plus somptueuse de toutes est, sans contredit, la mosquée Oummaoui, qui peut être comparée à la mosquée de El Azhar au Caire. On y enseigne, en effet, le droit musulman, la grammaire, et bon nombre d'élèves y viennent de différentes parties de la Syrie.

Parmi les monuments remarquables, se trouve la Dervichérie qui attire l'attention du voyageur à son entrée à Damas. Cet édifice que dominent deux minarets sveltes et élancés, comporte de nombreux logis recouverts de coupoles et dont l'ensemble est agréable à l'œil. C'est là que viennent se réfugier les étudiants et les derviches appartenant aux sectes diverses de l'Islam et que leurs pérégrinations ont conduits à Damas.

La citadelle est encore en bon état; non loin de là, se trouve le tombeau de Saladin.

La ville se compose de trois quartiers bien distincts, musulman, juif et chrétien.

Les juifs sont confinés dans leur ghetto qui est d'une saleté repoussante; la plupart portent le turban noir qui est leur signe distinctif.

La population musulmane a toujours été très fanatique et je ne rappellerai que pour mémoire les incidents qui eurent lieu en 1860, et qui firent l'objet de la campagne de Syrie.

Une des clauses du traité de Paris de 1856, prévoyant l'ingérence des étrangers dans les affaires du pays, semblait faire passer les chrétiens sous la domination absolue du Sultan; les Druses en profitèrent et accoururent pour les massacrer.

Le Gouverneur de la ville ne s'y opposa pas. La soldatesque turque se joignit aux Druses et le massacre commença en ville et dans la montagne; 20.000 chrétiens furent égorgés et leur quartier fut incendié. Beaucoup de malheureux se réfugièrent aux Consulats d'Angleterre et de Russie, les autres ayant été saccagés; de nombreux chrétiens s'enfermèrent dans la citadelle où furent recueillis par l'Emir Abd-el-Kader qui, avec le concours de ses Algériens, maintint en respect les assaillants.

La France envoya un corps d'armée en Syrie qui, avec l'aide des Maronites, battit et dispersa les Druses; ceux-ci abandonnèrent la montagne et gagnèrent le Hauran qu'ils occupent encore aujourd'hui; venus à résipiscence, ils ne nous montrent plus d'hostilité et j'ai pu voir souvent au Consulat un de leurs grands chefs, Ahmed el Atrach.

C'est alors qu'apparut la grande figure de l'Emir

Abd-el-Kader. Il avait résisté à tous les assauts et avait sauvé, de ce fait, 4 à 5.000 chrétiens.

La France lui en fut reconnaissante et l'Empereur Napoléon III lui transmit en récompense la plaque de Grand Croix de la Légion d'Honneur. — Lors de la conquête, après la prise de sa Smala, par le Duc d'Aumale, l'Emir se rendit au Général Lamoricière; on l'interna d'abord à Toulon, puis au château d'Amboise. Rendu à la liberté en 1853, et désireux de changer de résidence, car le climat était trop rigoureux pour lui, il fut autorisé à habiter Damas, pensionné par le Gouvernement français.

L'Emir nous fut fidèle jusqu'à ses derniers moments. J'ai pu recueillir de la bouche de son fils aîné, l'Emir el Hachimi, bon nombre d'anecdotes qui m'émerveillaient et faisaient ressortir la grandeur d'âme de son père.

L'Emir el Hachimi, qui était aveugle, avait pour moi toutes les attentions; ses gens et son écurie étaient à ma disposition. Ses deux fils sont actuellement au service de la France.

L'Emir Abd-el-Kader avait encore trois fils; l'Emir Omar, l'Emir Abd-el-Maleck et l'Emir Aly. Seuls les Emirs Omar et Aly nous sont restés fidèles.

L'Emir Abd-el-Maleck, avec qui j'étais très lié, nous abandonna.

Le Consulat eut toujours des préventions contre l'Emir; d'un caractère frondeur, aimant le panache, l'Emir Abd-el-Maleck pouvait être gagné facilement à notre cause; il fut abandonné et passa du côté des Turcs.

Plus tard, l'Emir vint me voir quelquefois à l'Ambassade à Constantinople. Incorporé dans l'armée turque, il avait obtenu le grade de chef de bataillon. Touchait-il sa solde régulièrement? Je l'ignore. Pouvais-je trouver un *modus vivendi* capable de le faire rentrer dans les bonnes grâces de la République? Cela me parut impossible, à mon grand regret.

Actuellement, Abd-el-Malek nous tient en échec, non loin de Taza, dans les montagnes du Maroc.

Je lui aurais souhaité une meilleure destinée, connaissant sa bravoure.

L'Emir Abd-el-Kader avait également deux frères; l'un habite Damas et touche une pension du Gouvernement français; l'autre, l'Emir Muhi-Eddine, devint aide-de-camp du Sultan Abdul Hamid et obtint le grade de Maréchal.

Poursuivant mes investigations en ville, je vais visiter quelques maisons juives. Une des plus remarquables, celle de Stambouli, fait l'admiration de tous les voyageurs. Les maisons de Damas sont toutes construites à peu près sur le même plan; entrée plus ou moins oblique qui donne accès à un patio au milieu duquel se trouve une vasque.

Le Barada, en se ramifiant à l'infini sous la ville, permet à chaque maison aisée de posséder sa fontaine jaillissante.

Le pavé de la cour est composé de dalles polychrômes, ce qui forme un décor charmant; les murailles sont également recouvertes de mosaïques. Un petit salon, en retrait sur la cour, et formant sélamlik, est orné de glaces au-dessus desquelles un stuc délicieusement ouvragé gagne le plafond dont les caissons finement ciselés encastrent une infinité de miroirs qui réflètent le décor et la lumière. Il en est de même des salons de réception qui lui sont contigus.

La maison du Consul d'Angleterre est également très visitée.

Les Consulats se trouvant rapprochés, les relations sont très cordiales et très suivies.

Tous les soirs, réunion chez l'un ou chez l'autre des Consuls; le whist est obligatoire.

Bref, le temps passe délicieusement à Damas, car M. Pérétié est cavalier et grand chasseur devant l'Eternel. La banlieue de Damas est très giboyeuse; le lièvre, la perdrix, l'outarde, le ramier, la bécasse, s'y trouvent en nombre.

On peut y chasser la gazelle et l'ours se trouve dans l'Anti-Liban.

Que dirai-je des bazars de Damas, si souvent décrits; c'est un coloris extraordinaire, une affluence de gens de toutes provenances. Les musulmans, élégamment vêtus y coudoient les Bédouins venus des déserts de Syrie ou de Mésopotamie.

Les femmes musulmanes recouvertes d'un voile aux larges raies blanches et jaunes se mêlent aux chrétiennes et aux juives dont le voile blanc sert à les différencier.

C'est un mouvement perpétuel de caravanes, les unes se dirigeant vers Tibériade et Jérusalem, les autres gagnant Mossoul et Bagdad.

Je suis allé aujourd'hui rendre visite à M. Falais, Directeur de la Compagnie de la Route de Beyrouth à Damas. Son accueil est des plus francs; M. Falais est, en effet, un vieux soldat d'Afrique. En qualité de zouave, il a parcouru l'Algérie de bout en bout, aux derniers jours de la conquête; en 1860, l'expédition de Syrie l'amène à Beyrouth et par un concours de circonstances, il se trouve être un des premiers pionniers de notre influence en Syrie. Son geste est brusque, son regard vous scrute et par un léger mouvement d'épaule, il a l'air de rectifier la position de la barda. Au demeurant, le meilleur homme du monde. Nous nous lions d'amitié par la suite, car M. Falais prend part à nos randonnées cynégétiques.

La campagne de Damas, propice aux promenades à cheval, voit quelquefois une longue cavalcade se dérouler. C'est le plaisir favori du Consul anglais qui emmène à sa suite tous ceux qui montent à cheval dans la petite colonie européenne.

Le hasard m'amène un jour, devant la maison des fous (le Mouristan). Ici, mon cœur se serre devant cette description. La folie, en pays musulman, n'est pas une maladie à laquelle on applique un traitement spécial. Le fou est simplement possédé du démon. En cas de folie furieuse, il est amené au Mouristan.

Le bâtiment se compose d'une vaste cour en quadrilatère, dans les côtés de laquelle sont aménagées des cavités ou plutôt des niches qui n'ont certainement pas hauteur d'homme; par terre, une planche, qui sert de couchette, et au mur est scellée une grosse chaîne dont les mailles sont allongées; l'autre bout est fixé par un collier solide au cou du malade. Pour tout service, une écuelle, et c'est tout. Un gardien armé d'un gourdin veille nuit et jour sur l'ensemble des fous et distribue des coups de bâton au fur et à mesure des accès.

Ce tableau barbare m'impressionne fortement. Tout d'un coup, une vieille femme se jette à genoux et m'embrasse les pieds; elle pense que je suis docteur et me supplie de guérir son fils qui est là, enchaîné. Je ne puis reculer et examine ce garçon, attaché au mur comme un fauve; sa folie n'est pas grave; il ne fait que hurler le nom de celle dont l'amour lui a ôté la raison. J'inscris à la hâte le nom de quelques plantes médicinales et l'adresse de la pharmacie.

Si le musulman rencontre parfois dans la rue un idiot, il ne s'en écarte pas; au contraire, il va droit à lui et lui baise dévotement la main. De cette façon il se concilie le démon qui hante ce pauvre hère.

Il est bien difficile à l'Européen de démêler le sens inextricable de toutes ces croyances et de ces superstitions.

Je sors de chez un notable Maronite et je dirige mes pas vers le quartier des lépreux (el Hadira, en arabe). C'est un coin de l'enfer du Dante. Tous ces êtres vont, viennent, rampent et demandent l'aumône.

Ce sont les yeux qui manquent, à celui-ci; les orbites vides s'offrent aux regards du passant, il est conduit par un jeune homme dont les mains ont disparu. Une femme, jeune encore, absolument édentée et dépourvue de nez, est escortée par une fillette de douze ans, belle comme le jour; l'heure des décompositions hâtives n'a pas encore sonné pour elle, car la maladie ne se déclare, paraît-il, que vers la quinzième année.

Peut-être, à ce moment là, après une courte fièvre, les doigts de ses pieds et de ses mains disparaîtront un à un.

Spectacle impressionnant pour l'Européen, à qui toutes ces souffrances sont cachées et qui reste atterré devant l'indifférence des Orientaux; l'Inde seule dépasse tout cela en horreur.

Il est agréable d'errer dans les bazars de Damas. La plupart sont recouverts et le mauvais temps ne saurait interrompre ce va et vient incessant de boutique à boutique.

La Rue droite est fort intéressante, car elle est assez large pour permettre la circulation des voitures. Le voyageur amusé ne se lasse pas de contempler les types divers qui se croisent en tous sens, le coloris extraordinaire de tout ce qui l'entoure. Tantôt des Bédouins passent lentement conduisant une caravane de marchandises, tantôt une longue file de baudets, chargés de pierres, se heurte à un palanquin transportant des dames turques qui reviennent d'excursion; tantôt, c'est un Consul qui passe précédé de deux cawas et accompagné de sa suite, tous montés sur d'admirables chevaux arabes. Le Consul se rend au Conaq, faire visite au Gouverneur. La foule se range respectueusement; seules, les femmes turques et arabes se détournent en crachant à terre au passage du roumi.

Mais un bruit incertain de tambour attire mon attention; je me dirige vers l'endroit d'où partent les sons. Sur une petite place, au milieu d'une foule assez nombreuse de curieux, quatre Aïssaouas marocains exhibent au public leur musculature puissante. Un des leurs frappe le tambour arabe et modulant en sourdine une cantilène, accompagne les contorsions de ses camarades; c'est d'abord un essai de lutte à main plate, des acrobaties fort bien exécutées. L'un d'eux jongle avec des yatagans, l'autre a tiré d'un petit sac, des serpents minuscules qu'il introduit par le nez et fait ressortir par la bouche; le dernier enfin fait pirouetter en l'air un long fusil arabe, le reçoit sur l'index et lui imprime alors un mouvement de rotation très rapide autour de cet axe improvisé. Le cercle des curieux se resserre et je me demande si la crosse de ce fusil, tournant à toute allure, ne va pas mettre en pièces le crâne d'un des assistants.

Tout cela est exécuté avec élégance et le fusil, après avoir été lancé une dernière fois, à 5 ou 6 mètres en l'air, est rattrapé au vol et déposé sans accident.

J'ai vu aussi, parmi les attractions de la ville, les derviches tourneurs.

Vêtus d'une ample robe blanche, serrée à la taille, la tête couverte de la koulah (coiffure persane en tronc de cône), accompagnés d'un joueur de flûte et de chanteurs, les derviches étendent les bras et commencent à pivoter doucement sur les orteils. La musique s'accélère peu à peu; les derviches accentuent alors le mouvement de rotation, et la jupe prend la position horizontale. Ce ne sont plus des hommes qui tournent; ils semblent mûs par un mouvement rapide d'horlogerie. Cela se continue pendant une heure et plus jusqu'à ce qu'ils tombent épuisés.

Au moment du Rhamadhan, certains cafés de Damas exhibent à leurs clients les facéties de Karagueuz. C'est Guignol, ne se contentant pas de rosser le gendarme ou le commissaire, mais encore Guignol satirique, prenant à partie quelque grand personnage, le tout mêlé d'obscénités.

Je renvoie le lecteur pour plus amples renseignements au « Voyage en Orient » de Gérard de Nerval.

Parmi les diverses confessions religieuses qu'on trouve à Damas, à côté des musulmans, figurent les Druses. Leur religion est un schisme de l'Islam; ils reconnaissent un maître suprême qu'ils nomment el Hakim biamrihi (celui qui gouverne par son ordre propre) en langue arabe.

Leur vêtement est identique à celui des musulmans, sauf le turban blanc qui est très large. Ce sont des cultivateurs.

A certaines époques, les Druses se réunissent dans leurs mosquées, hommes et femmes; sur un signal, les lampes sont éteintes. Des saturnales se déroulent alors qui rappellent les mystères du culte d'Isis.

Une autre tribu arabe, les Ansariés, qui habite la montagne des environs d'Antioche, se livre, paraît-il, ouvertement au culte d'Aphrodite.

La civilisation se trouve tout à fait impuissante

à déraciner à jamais ces vestiges des anciennes religions. (1).

La communauté chrétienne est également diverse; à côté des latins se trouvent les catholiques orthodoxes et syriens, puis viennent les Maronites. Tous ont des églises et des écoles.

Les Juifs habitent un quartier contigü et appartiennent à la secte des Séphardim. Leurs femmes sont d'une beauté remarquable et le firedjé blanc qui les enveloppe de pied en cap, fait ressortir le teint mat de leur peau et le velouté de leurs grands yeux noirs. Aux jours du Kippour, leur apparition aux fenêtres en vêtements somptueux aux couleurs chatoyantes, forme un tableau délicieux qui fait oublier les senteurs innommables du ghetto. Il est avéré qu'ils se livrent de temps en temps à des pratiques religieuses qui ont soulevé en leur temps l'indignation du monde civilisé. Le crime rituel a été constaté en maintes localités de l'Orient et j'en fus moi-même témoin en 1889, incident qui causa de grands ennuis au Consulat. La société juive européenne n'a pas cessé de protester et de se désolidariser de ses coreligionnaires du Levant.

Les Jésuites ont un établissement à Damas. Leur école est prospère et les Pères qui la dirigent sont des arabisants de premier ordre. J'ai entendu un Père jésuite français prêcher en arabe et n'ai pas laissé d'admirer profondément son élocution et sa science en cette langue.

Les Lazaristes établis depuis longtemps à Damas touchent une subvention du Gouvernement français; leur école très fréquentée est admirablement tenue et les résultats des examens passés par les jeunes arabes, donnent entière satisfaction aux Pères et au Consulat.

D'ailleurs, il en est de même pour les Frères des Ecoles chrétiennes et les religieuses de Saint-Vincent-de-Paul.

---

(1) Un certain nombre de Mutéoualis (*secte chiite persane*) habite également Damas et le Liban.

Les Sœurs Mariamat sont, sous le vocable de la Vierge Marie, affiliées au Couvent des Pères Jésuites.

Il se fait à Damas un commerce considérable d'armes et de peaux; la sellerie, les draps, les soieries, l'orfévrerie sont l'objet de grosses transactions.

On y trouve des chevaux arabes de race pure, des chevaux de bât appelés guédich, dont l'amble est fortement apprécié pour les voyages, ainsi que des ânes de très grande taille.

Un spectacle intéressant est celui qui se déroule au printemps dans une plaine qui longe le Barada à l'entrée de Damas. De nombreux arabes à cheval, se réunissent pour jouer au djerid. Le djerid est une sagaie en bois d'un mètre de longueur.

Ils se séparent en deux camps; un cavalier s'avance alors en interpellant son adversaire. L'autre fonce sur lui le menaçant de son djerid; le premier l'évite par une volte habile de son cheval. Deux, trois cavaliers s'élancent à son secours; les chevaux lancés au triple galop sont arrêtés brusquement, la croupe à terre; puis ils bondissent de nouveau en avant. C'est, en somme, le jeu de barres à cheval.

La souplesse des chevaux, jointe à la science du cavalier qui sait éviter à temps des chocs qui pourraient être mortels, tout cela sous les rayons d'un beau soleil, forme un tableau saisissant.

Que dirai-je de la flore de Damas? Il y a des fleurs nombreuses, mais l'Arabe, qui n'est pas horticulteur, s'en désintéresse et ne fait rien pour en améliorer le rendement.

Tous les fruits d'Europe s'y trouvent, mais ils n'en ont point la saveur, car la greffe n'est pas pratiquée. Les raisins blancs sont exquis; leur forme est ovoïde. La campagne de Damas produit un raisin noir que les Arabes appellent réssas (la balle de plomb). La graine est sphérique et a 0 m. 04 de diamètre; parvenue à maturité, très dure au toucher, elle rebondit à terre. Le goût en est exquis; la grappe est monstrueuse et peut facilement peser de 1 à 1 kilog et demi.

L'hiver n'est point trop rigoureux à Damas, malgré l'altitude; j'y ai vu cependant de la neige en 1889.

Les indigènes en font, pour l'été, une grande provision qu'ils enfouissent dans des silos en la recouvrant de paille. Dès que la chaleur revient, la neige est sur toutes les tables pour rafraîchir les fruits et les boissons.

C'est aujourd'hui la Noël; le Consulat fait ses préparatifs pour la fête concordataire. En effet, le Consul de France, avec son personnel en grand uniforme, doit selon l'usage assister à la messe consulaire qui est dite ce jour-là en son honneur.

La même cérémonie a lieu également à Pâques, dans tout l'Orient.

A l'heure dite, le Consul et sa suite se rendent à l'Eglise latine dirigée par les Franciscains. Le Père Supérieur en costume d'apparat, reçoit le Consul à l'entrée de l'Eglise et le conduit au fauteuil qui lui est assigné. Un autre fauteuil est destiné à la femme du Consul.

Au moment de l'Elévation, l'officiant, s'inclinant devant le Consul de France, l'encense et lui donne l'Evangile à baiser. Ces formalités nécessaires remplies, lorsque la messe est achevée, le Consul, précédé de ses janissaires va, avec sa suite, féliciter le Supérieur des Franciscains et regagne le Consulat.

Le Consul de France, conformément aux Capitulations, haut protecteur de la Chrétienté dans les Echelles du Levant, ne saurait se soustraire à ce cérémonial.

A Jérusalem, au Caire et à Constantinople, tout se passe d'une façon grandiose, ce qui n'est pas pour plaire aux puissances rivales.

Le premier Janvier, il y a réception au Consulat. Le Gouverneur général en grand uniforme, accompagné d'une suite nombreuse, les Consuls, tous les Chefs des établissements religieux et les quelques colons français viennent offrir leurs félicitations et leurs souhaits respectifs au représentant de la France.

Un matin, mon chef me fait appeler et me

tend un pli ministériel; c'est ma nomination au Caire, en qualité de Drogman à notre Agence Diplomatique en Egypte.

Je lui fais part de tous mes regrets.

Après les visites d'adieu, je hâte mes préparatifs et quelques jours après, je me retrouve en diligence sur les hauteurs de l'Anti-Liban, par un froid très rigoureux. Le vent souffle en tempête et la neige a bloqué la route. Une équipe considérable de terrassiers creuse la route de la diligence qui s'engage, en certains endroits, entre deux hautes murailles de neige.

Malgré une perte de temps considérable la voiture atteint la plaine de la Békaâ; le froid est toujours intense et c'est maintenant le verglas qui empêche l'attelage de gravir les contreforts du Liban. Les mules s'abattent à chaque instant. Les passagers descendent et poussent aux roues de la diligence; enfin, après des efforts inouïs, nous atteignons le relai de Chtôra, où nous passons la nuit.

Nous sommes au sommet de la montagne, et la petite auberge qui nous offre le gîte et le dîner, a nombre de ses vitres brisées et des lits de pygmée. Mes pieds sortent des barreaux; je dors avec mes bottes pendant que la tourmente de neige fait rage.

Le lendemain matin, un soleil radieux, brillant dans un ciel d'une pureté incomparable, s'irradie sur ce blanc tapis de neige. Nos ennuis sont finis; la diligence est prête et comme le verglas a disparu, nous atteignons Khan Mourad, le point culminant de la montagne et peu après, c'est la descente du Liban.

La route se déroule en lacets; tout est couvert de neige sur ces hauteurs; les pics étincellent et la mer scintille à l'horizon. Le spectacle touche au sublime

La descente s'accentue et Beyrouth est en vue; déjà, nous atteignons les limites de la neige, elle fond et gagne les abîmes en cascades ou en ruisselets. La température, qui auparavant était glaciale, s'est radoucie. Les cactus, les dattiers, les bananiers font un océan de verdure au milieu duquel roule la diligence.

Voici la promenade des Pins et la cour de la Compagnie.

Le surlendemain, je m'embarquai à bord du *Sénégal*, des Messageries Maritimes, en route pour Alexandrie et le Caire.

CHAPITRE III

Sommaire : La Ville du Caire. — Les Mosquées. — La Citadelle. — Les Pyramides. — Danses arabes. — Les Dahabiés. S. A. le Khédive Tewfik Pacha. — Présentation des lettres de créance du Comte d'Aubigny. — Le simoun. — La légation de France. — La caravane sacrée de la Mecque. L'Achoura. — Le Mouled Ennabi et le Zikr. — Le parc d'autruches. — La chasse. — Une fête au palais d'Abedine. Retour à Damas.

Janvier 1888.

D'Alexandrie, l'express m'amena au Caire en trois heures et le même jour, je me présentai à la Légation. Introduit auprès de M. d'Aubigny, notre Agent diplomatique en Egypte, je fus fort aimablement accueilli et présenté à la Comtesse d'Aubigny. Je trouvai là comme Secrétaires, MM. Denaut et de Beaucaire.

Etant le seul fonctionnaire qui connut l'arabe à la Légation tout ce qui concernait les réparations tout ce qui avait rapport à l'entretien du jardin, m'était adressé. La traduction des articles de la presse indigène, pouvant intéresser notre politique, celle des documents arabes, tout cela joint à mes fonctions d'interprète, lorsque mon ministère était requis, tout cela, dis-je, exigeait une somme de travail considérable.

Je consacre dès lors mes loisirs à parcourir le Caire. Cette ville fameuse, fut fondée en 640 de l'hégire, sur les ruines de l'ancienne ville copte appelée Fostat, par le conquérant arabe Amrou.

Fostat, date des premiers temps du christianisme et se trouve enfouie sous le sable. On y accède cependant car les rues sont déblayées et permettent la circulation.

Les maisons ont un caractère spécial de vétusté que l'archéologue se complaît à admirer et l'Eglise Saint-Georges n'a rien perdu sous cet ensevelissement, de ce cachet qui distingue les monuments des premiers chrétiens.

Les restes d'Amrou reposent dans la mosquée qui porte son nom et qu'il fit construire.

La ville arabe, fort curieuse, renferme de nombreuses mosquées d'une architecture remarquable. Certaines portent aux frises de leurs murailles et de leurs coupoles des inscriptions en caractères coufiques de toute beauté.

On ne se lasse pas d'admirer les mosquées du Caire, entre autres Kalaoûn, el Azhar, Sultan Aghouri, et la mosquée de la Citadelle; celle-ci, construite par un des ministres de Saladin est bien conservée, et c'est dans ses murs que furent massacrés les Mameluks. Plus loin, les tombeaux des Califes se dressent finement dans l'azur.

Des murailles encerclent encore une partie de la ville; on y entre par des portes monumentales; Bab Ennasr et Bab el Foutouh, sont de pures merveilles de l'architecture arabe; tout est grandiose et atteste la pureté de goût des conquérants musulmans. Le Sphinx, les Pyramides de Ghizeh, celles de Saqqarah, encore plus anciennes, sont autant d'excursions intéressantes pour moi; la visite au musée de Boulacq, plein de souvenirs des Pharaons, me captive au plus haut degré, et c'est avec respect que je parcours la bibliothèque du Caire qui contient des manuscrits uniques. Enfin c'est la promenade de Ghezireh, qui voit défiler à l'ombre des sycomores, tout ce que la ville compte d'illustre, tant arabe qu'européen.

Ce sont des bazars immenses où fourmille un monde d'arabes et d'étrangers; c'est un fouillis de tissus, de tapis, d'armes et d'objets divers; tout cela étincelle, rutile au milieu des interpellations des marchands, des cris des âniers et du grondement des chameaux.

Ville incomparable où la vie est facile, où l'Arabe, dans son fatalisme, coule d'heureux jours en entendant au café, le conteur lui dire le roman d'Antar, les facéties de Nasr Eddine Khodja ou un chapitre des Mille et une nuits.

La vie au Caire, le soir, est intense, surtout pendant les fortes chaleurs. L'Arabe, que le souci des affaires ou ses occupations, ont retenu pendant le jour, cherche des distractions faciles; le quartier d'El Ouasaâ, où trône la Vénus mérétrice, l'attire irrésistiblement.

Un ronflement de tambourins est dominé par le bruit argentin des crotales. Une forte odeur de hachich empuantit l'atmosphère; c'est ici qu'il lui faut venir trouver un adoucissement à ses fatigues, c'est ici qu'il doit oublier ses chagrins domestiques.

Il entre et la portière retombe; au milieu d'un groupe de spectateurs que la liqueur de feu a mis en délire et que le hachich a grisés, trois jeunes filles aux formes sveltes et tanagréennes, dans leur nudité divine, miment l'amour, appuyées sur un bâton; et elles n'ont pas quinze ans.

A quelque distance de là, sous une tente éclairée à giorno, c'est la même cohue, c'est la même folie. Sur un tapis rutilant, une jeune femme, telle la Vénus Callypige, portant un chandelier sur la tête, se livre à des contorsions vipérines appuyée sur les mains; sa chair entière, sans un mouvement musculaire apparent, est soumise à un frémissement incessant! Autant de questions posées au physiologiste.

Les nuits du Caire passées en dahabieh sont exquises.

La dahabieh est une barque d'une cinquantaine de mètres de long, gréée à deux mâts et portant une grande voile latine. Son installation est des plus confortables; l'arrière a un salon et de nombreuses cabines destinées surtout au harem.

Les riches habitants d'Alexandrie et du Caire vont, en effet, passer la saison des fortes chaleurs sur le Haut-Nil et s'arrêtent à la première cataracte.

Ce soir, une de ces dahabiehs, ancrée à une certaine distance du la berge du Nil, est éclairée à profusion; le tambourin et la mandoline font rage, cependant que le son aigrelet d'une flûte domine le vacarme. Des Arabes de distinction donnent une fête en l'honneur d'un Européen qui est leur hôte; et la danseuse, adorée, choyée, va danser le pas de l'abeille.

Parée de ses plus riches atours, vêtue d'étoffes irréelles, elle écoute les modulations de la flûte appuyées par le ronflement sourd de la dourbakah. Elle s'élance; les yeux mi-clos, noyés dans l'infini, les bras étendus, ses hanches ondulent et se ploient au rythme de la musique. Mais quoi! elle frémit et s'observe; c'est sûrement une abeille vagabonde qui, cachée dans les replis de la gaze, s'est réveillée; tout en évoluant, la danseuse, d'un geste assuré, jette au loin ses vêtements un à un et libre enfin, telle une déesse antique qu'Eros aurait affolée, elle tombe brisée de fatigue.

Ailleurs, deux juives de Tunis revêtues d'étoffes brochées d'or et d'argent, ruisselantes de pierreries, les hanches serrées par une épaisse ceinture de soie aux glands d'or, font face à un danseur. La musique fait un vacarme assourdissant; la fumée des nargilehs obscurcit l'atmosphère et la chaleur est étouffante dans ce local où deux cents personnes sont entassées, les yeux injectés et braqués sur la scène.

Les mouvements lubriques des exécutants transforment le café en pandemonium.

Dans l'antiquité, la danse a toujours été le corollaire du culte voué à la divinité. Certainement, les théories chorégraphiques de la Grèce n'ont point donné naissance à ces danses érotiques que nous retrouvons dans tous les lieux où l'Arabe s'est fixé. Les danses de l'Inde sont plus hiératiques. Il est donc difficile de donner des précisions formelles sur l'origine de ces manifestations rituelles.

L'Islam a étendu, comme un arbre puissant, ses racines autour de la Méditerranée et l'Espagne nous offre la quintessence de ce que la civilisation arabe en se retirant, a laissé à l'Europe. En effet, en Andalousie, à part la langue et la religion, tout y est arabe. Les mœurs, l'architecture, les usages sont maures; la musique arabe est dans toutes les bouches et la jota, le fandango, le boléro sont avec les castagnettes des restes de la domination musulmane.

Les palais somptueux de Cordoue et de Séville, le Généraliffe de Grenade ne semblent-ils pas attendre leur hôte et la reprise des danses sacrées ?

Telles sont les réflexions que me suggère cette belle nuit du Caire.

Mais, je me suis attardé, demain j'aurai l'honneur d'être présenté à S. A. Tewfik Pacha, Khédive d'Egypte, par M. d'Aubigny.

Nous sommes attendus à onze heures; la victoria de la Légation nous conduit au grand trot précédée de deux seïs, au palais d'Abedine.

Le Ministre de France présente le nouvel interprète de la Légation à S. A. le Khédive, qui me souhaite la bienvenue en termes gracieux; après avoir bu le café et fumé la cigarette traditionnelle, le Khédive s'entretient quelques instants avec M. d'Aubigny; puis nous prenons congé de son Altesse et retournons à la Légation.

Tewfik Pacha est des plus sympathiques et me laisse l'impression la plus favorable.

Le palais d'Abedine est de construction sobre et élégante; sur une des ailes, est la partie réservée au harem de son Altesse.

Quelques jours après, j'assistai à une cérémonie fort intéressante. C'était la remise des lettres de créance du Ministre de France au Khédive d'Egypte.

A l'heure indiquée, avant la réception, des voitures de gala vinrent prendre le Ministre avec tout son personnel en grand uniforme, accompagné du Consulat de France.

Ces équipages qui ont appartenu à Ismaïl Pacha, faits sur les modèles que nous possédons à Versailles, servirent au souverain, lors de la réception de l'Impératrice Eugénie en 1869. Les voitures sont attelées à la daumont et conduites par des cochers et des postillons en grande livrée; à l'arrière, se tiennent debout des laquais portant perruque et poudrés à frimas; coiffés du tricorne, ils portent l'habit bleu à la française.

Les deux voitures viennent se ranger devant le perron de la Légation; d'autres véhicules portant les fonctionnaires subalternes de l'Agence et du Consulat suivent le cortège.

Sur un signe du haut fonctionnaire du palais, qui est venu chercher le Ministre, le cortège s'ébranle. Deux magnifiques seïs précèdent la première voiture. En tête, un peloton de cavaliers albanais, aux costumes chamarrés d'or, aux cimeterres étincelants et montants des chevaux arabes de toute beauté. Des aides-de-camp galopent aux portières.

Le cortège gagne la ville arabe; toutes les terrasses des maisons sont couvertes de monde; femmes et enfants se pressent pour voir le spectacle. Dans la rue, une foule considérable acclame le représentant de la France.

Dans ce brouhaha, le cortège subit un temps d'arrêt. Un des chevaux de l'escorte, effrayé par un groupe de chameaux, a fait un écart formidable. L'étalon est cabré et laboure l'air de ses pattes de devant; le cavalier arc-bouté et soutenu par le troussequin de la selle dont la chabraque rutile et flamboie au soleil, apaise l'animal qui ronge frénétiquement son mors. L'ensemble forme un tableau saisissant et digne de tenter la palette de Rochegrosse.

Le cortège, qui a repris sa route, est signalé, et vingt-et-un coups de canon saluent l'arrivée du Ministre de France au palais d'Abdine.

Le Comte d'Aubigny, suivi de tout son personnel, est reçu à l'entrée du palais par le grand Chambellan. Le Ministre est conduit immédiatement dans un salon où se tient S. A. le Khédive en grand uniforme, entouré de sa maison militaire et de ses Ministres.

M. d'Aubigny, après les souhaits de bienvenue, lit ses lettres de créance; son Altesse y répond en termes aimables. Ensuite, le personnel de la Légation et du Consulat est présenté au Khédive qui, à son tour, présente au Ministre de France les hauts dignitaires qui l'entourent.

De là, le Khédive conduit l'assistance dans un salon où sont préparés de longs et magnifiques tchibouks à bout d'ambre et enrichis de pierreries. Tout le monde s'assied, fume le délicieux tombak et prend une tasse de café dans une cupule d'argent à filigrane d'or.

Quelques instants après, la cérémonie était terminée.

Le même protocole est observé au retour et le canon tonne de nouveau au départ du Ministre.

Spectacle ravissant, dans un cadre somptueux, qu'un soleil magnifique exalte et rehausse de ses rayons, faisant briller l'or des uniformes, l'éclair des yatagans et bondir ces chevaux superbes que leurs cavaliers ont peine à maintenir.

Ce décor ne saurait, en effet, trouver son équivalent dans les Cours européennes, car il est voilé par l'uniformité désolante des êtres et des choses.

Mars est arrivé et avec lui, le simoun, le vent brûlant du désert, appelé en Egypte, khamsin (parce qu'il souffle 50 jours). La température s'est subitement élevée; les étrangers fuient rapidement l'Egypte, pour éviter ces rafales brûlantes portant avec elles un sable impalpable qui s'infiltre partout et rend le séjour du Caire désagréable. Au coucher du soleil, tout s'apaise et les nuits sont relativement fraîches.

Au moment où souffle le khamsin, la végétation, qui offre en Egypte un printemps éternel, subit une transformation. Certains arbres perdent leurs feuilles brûlées par les ardeurs du simoun. Le bourgeon les remplace immédiatement et en Avril, ces arbres ont repris un feuillage nouveau d'un vert incomparable. Le cotonnier, le blé, la luzerne, la canne à sucre, le bananier poussent avec vigueur et cette terre noire d'Egypte, vivifiée par le limon que le Nil apporte chaque année dans sa crue, rend au centuple ce que le fellah lui a confié.

Cette chute des feuilles de tous les instants, transforme le jardin de la Légation; les pelouses disparaissent et le jardinier qui les a nettoyées la veille les retrouve le matin et l'après-midi recouvertes de feuilles.

Grand émoi chez le Ministre. Le Drogman devrait y veiller cependant, cette chute malheureuse des feuilles se prolonge pendant un mois. *Inde iræ* contre le fonctionnaire responsable.

Aussi, l'atmosphère est glaciale à la Légation, malgré cette température torride.

Décidément, je vais m'y ennuyer.

Aujourd'hui, S. A. le Khédive a rendu sa visite au Ministre de France. Son équipage, précédé de deux seïs et de l'escorte d'Albanais, a fort grand air. Le souverain est accompagné du Ministre des Affaires Etrangères et de quelques officiers d'ordonnance.

Tewfik Pacha, dont l'abord est charmant, s'exprime fort bien en français et sa présence chez nous est très agréable.

Je me fais un devoir de faire connaître au lecteur le rôle des seïs ou coureurs.

Ce sont de jeunes noirs de la Haute-Egypte, entraînés dès leur plus jeune âge à la course; revêtus de courts vêtements blancs, ils portent une veste soutachée d'or, la chéchia et un bâton à la main.

Ils courent devant l'équipage en poussant un cri spécial qui fait écarter les véhicules et les passants. Seuls, S. A. le Khédive, les grands dignitaires et les Agents diplomatiques accrédités auprès d'Elle, ont droit à deux seïs.

Leur existence, toute de fatigue, ne saurait aller au-delà de 40 ans.

Quelques jours après, l'escadre du Levant ayant fait relâche à Alexandrie, nous reçumes la visite de l'Amiral Olry. A cette occasion, un dîner eut lieu en son honneur, à la Légation; l'Amiral nous divertit par ses à propos et ses réparties gauloises et la soirée se termina au Théâtre Khédivial.

La troupe française d'opéra y fut très applaudie.

L'Amiral Olry qui, dans la matinée, avait été présentée à S. A. le Khédive était radieux et parut enchanté de son séjour au Caire.

Cependant, je dois consacrer quelques lignes à la description de notre Agence Diplomatique au Caire.

Le Comte de Saint-Maurice, grand écuyer d'Ismaïl Pacha, se fit élever cette superbe demeure.

LE CAIRE (BAB ENNASR)

Elle est construite dans le plus pur style mauresque; les portes en bronze, les moucharabiés, le patio sont des merveilles; les caissons des plafonds, enluminés d'or et décorés d'arabesques, supportent les plus délicieuses lampes arabes que le collectionneur puisse convoiter.

Le Gouvernement français se rendit plus tard acquéreur de l'immeuble.

Ce soir, le Ministre de France a invité les dignitaires du Palais; les hauts fonctionnaires anglais, lord Cromer, le colonel Kitchener et bon nombre d'officiers. Les Diplomates et les Consuls sont au complet.

Dans le cadre merveilleux du salon et du patio, les uniformes anglais se mêlent aux habits noirs des invités et à la toilette claire des dames. L'effet est charmant et cependant on s'ennuie; ce n'est certes pas lord Cromer, le Sirdar ou le colonel Kitchener, dont les mérites sont incontestables, qui pourraient apporter la gaieté, pas plus que la fine et sombre silhouette du Ghazi Moukhtar Pacha, le Haut-Commissaire ottoman, dont le fez porté à l'antique et couvrant les oreilles, abrite un visage des plus expressifs et des plus énergiques. Quoique âgé, le défenseur de Plevna me semble la personnalité la plus intéressante de la soirée.

A la fête de Pâques, la Légation et le Consulat sont allés à la messe en grand uniforme. Le délégué apostolique officiait et après la messe, il a remercié le Ministre de l'aide que la fille aînée de l'Eglise ne cesse d'apporter aux chrétiens d'Orient.

Les jours s'écoulent et après la réception du 14 Juillet et la fête qui fut donnée le soir au jardin de l'Ezbekieh, la saison est close.

L'été est devenu brûlant et un calme relatif se fait sentir dans la colonie européenne. Les uns gagnent la station thermale d'Hélouan, non loin du Caire; les autres, se réfugient à Ramleh, près d'Alexandrie; une partie s'en va en dahabieh vers le Haut-Nil. M. et Madame d'Aubigny viennent de partir pour Louqsor.

Ces jours-ci, le Nil a considérablement grossi. Ses eaux limoneuses, ordinairement jaunâtres, sont devenues rouges; on dirait que le fleuve roule des flots de sang. Les sédiments d'argile rouge qu'il emmène avec lui et qui lui ont été apportés par ses affluents l'Atbara et le fleuve Bleu, descendant des montagnes d'Abyssinie, lui donnent cette teinte purpurine.

Déjà, la campagne est inondée pour la durée d'un mois, et le Nil, en se retirant, va fertiliser de son limon ces terres qui peuvent, dans une année, produire deux ou trois récoltes de blé.

J'ai reçu une invitation pour assister au départ du Mahmal pour la Mecque.

Le Mahmal est le palanquin spécial qui renferme un tapis brodé pour la Caâba de la Mecque, des cadeaux pour le grand Chérif et des ornements pour le tombeau du Prophète à Médine.

Le Mahmal est porté aux lieux saints par un chameau sacré.

La caravane est rangée devant le palais d'Abedine. S. A. le Khédive vient saluer le Mahmal dont la garde est confiée à un officier supérieur; suit un détachement de troupes en armes, accompagné de pièces d'artillerie de campagne. Le tout s'ébranle en direction de la gare pour aller à Suez et de là être embarqué sur un des bateaux de la Compagnie Khédivié et débarqué à Djeddah.

Le spectacle est fort curieux; une foule immense accompagne la caravane à la gare; des prières sont récitées le long de la route en vue d'obtenir la protection d'Allah jusqu'à la Mecque et Médine.

D'ailleurs, les fêtes musulmanes se succèdent au Caire sans interruption. Soit l'été, soit l'hiver, un spectacle quelconque attire l'attention.

Tantôt, c'est un mariage arabe, une circoncision; tantôt, c'est le Carnaval, ou bien la fête du printemps; c'est le Dossé, le Mahmal, le Ramadhan pendant lequel les Mosquées sont éclairées à giorno, les minarets ornés de girandoles et de lumignons, les rues encombrées, après le coucher du soleil, d'une foule débordante de joie; c'est la fête de l'Aïd el Kébir, pendant laquelle le grand Bazar resplendissant et éclairé par des milliers de lampes, étale aux yeux du voyageur ébloui, tout ce que l'Orient renferme d'armes, de vases et d'étoffes chatoyantes; c'est le coin d'un palais féerique des Mille et une nuits, dont les djinns soulèvent le rideau.

Puis plus tard, c'est l'Achoura, fête des Persans; c'est le Mouled Ennabi, anniversaire de la naissance du Prophète Mahomet.

Le lecteur daignera me suivre à la fête des Persans, au Mouled Ennabi et au Dossé.

La fête des Persans a lieu dans les premiers jours de l'année arabe, le 10 de Mouharram.

Au coucher du soleil, les Persans qui vont prendre part à la cérémonie se réunissent dans leur mosquée. Le reste se répand aux alentours pour accompagner le cortège. Les officiants au nombre de 300 environ, sont nus jusqu'à la ceinture, armés de yatagans, de poignards et de chaînes reliées à une boule de fer munie de pointes acérées.

Après les prières rituelles, dites en commémoration de Hassan et de Husseïn, que les Persans considèrent avec Aly, gendre du Prophète, comme les premiers martyrs de l'Islam, le cortège s'ébranle sur un signal de l'Imam, et se dirige vers la Légation de Perse où l'attend le Ministre en grand uniforme.

En tête, défilent des tambours, immédiatement suivis de porteurs de lances et de haches; après, viennent deux jeunes garçons à cheval, à demi nus et portant un sabre et un bouclier; ils sont couverts de sang, car ils s'entaillent profondément le front et les épaules à coups de sabre. Derrière et sur deux rangs, vient une file interminable de Persans; les uns se déchirent le dos avec les boules de fer armées de pointes, les autres se tailladent le front et la poitrine à coups de yatagan; les blessures, quelquefois profondes, font couler le sang à flots. Tous hurlent, dans une plainte farouche et les yeux pleins de larmes, les noms de Hassan et de Husseïn.

Les figures sombres et convulsées de ces énergumènes, les cris de la populace, les lueurs rouges projetées par les torches sur ces corps ruisselants de sang, tout cela forme un ensemble tragique et lugubre à la fois, inspirant la terreur.

Le défilé a lieu au milieu d'une foule immense de spectateurs de toutes les confessions. Malheur au chrétien qui esquisserait à ce moment là un sourire; peut-être courrait-il le risque d'être écharpé ?

Peu après, le cortège s'assemble à la Légation de Perse; après avoir reçu les compliments du Ministre et procédé aux ablutions, la cérémonie se termine dans le plus grand calme.

Un spectacle intéressant se déroule également au Caire à l'occasion de la naissance du Prophète.

Dans un des faubourgs de la ville, sur un emplacement choisi, de nombreuses tentes sont dressées. S. A. le Khédive, les Ministres, les grands dignitaires, toutes les corporations, chacun a une tente déterminée, meublée aussi richement que possible, le tout enguirlandé et illuminé par des milliers de lanternes.

L'effet est saisissant. La réception qui a lieu après le coucher du soleil, dans les tentes que j'ai signalées, a le plus pur cachet oriental. La tente de S. A. le Khédive est un miracle de confort et d'élégance; le thé, le café, les boissons rafraîchissantes et les douceurs sont distribuées aux visiteurs, à profusion; ils alternent avec le narghilé, au tabac odorant et la blonde cigarette égyptienne.

Mais l'heure s'avance, et dans les tentes voisines, la cérémonie du Zikr va commencer. Je dois ajouter que la fête du Mouled Ennabi dure une quinzaine de jours.

Les diverses corporations se sont groupées dans leurs tentes respectives. L'Imam se met alors à moduler une prière; les stances se succèdent à intervalles réguliers; l'assistance, qui s'est formée en quadrilatère, hurle le nom d'Allah en balançant la tête de droite à gauche et vice-versa, mouvement qu'on peut comparer aux balancements de l'ours dans sa cage, et cela, jusqu'à exténuation complète des forces.

Dans d'autres tentes, le mouvement de tête se

fait de haut en bas. Le bruit qui résulte de toutes ces invocations, est difficile à déterminer; mais, on n'en est pas moins surpris de voir, se livrant à ces mouvements désordonnés, tel marchand du bazar, qui le matin vous offrait, le sourire aux lèvres, une tasse de thé, pendant que vous débattiez avec lui le prix d'un tapis.

Invité à la cérémonie du Dossé, je suis obligé de m'excuser, car je suis retenu par mes fonctions à l'Agence; mais le spectacle offre plutôt, paraît-il, une déception.

Dans l'espèce, un cavalier doit fouler aux pieds de sa monture les corps étendus à terre de plusieurs zélateurs du Prophète, à demi-nus.

La bête, intelligente, et n'étant pas ferrée, a garde de mutiler les gens étendus devant elle; ses sabots les effleurent à peine.

En somme, cette cérémonie, à part quelques côtes froissées, ne donne lieu à aucun incident grave.

Le Consul de France, M. Guillois, nous a quittés et rejoint Damas où il va exercer les mêmes fonctions. Il est remplacé par M. de Lalande. A toutes les qualités du diplomate, ce fonctionnaire ajoute le charme de sa personne et la causticité de son esprit. Il est tout indiqué pour occuper un poste aussi ingrat; il a toutes mes sympathies, car il est de plus, adepte de Saint-Hubert.

Les chaleurs torrides du Caire n'arrêtent point mes excursions à cheval. Avec M. de Maussabré, attaché à la Légation, je parcours les environs si intéressants du Caire.

Tantôt, nous allons voir le coucher du soleil derrière les Pyramides, tantôt à la citadelle, aux tombeaux des Califes ou à Matarieh.

Là, dans un petit enclos, est l'arbre de la Vierge. C'est un tronc d'olivier, plusieurs fois centenaire, qui a poussé de ci de là, quelques rejetons.

La légende veut que la Sainte Famille, lors de sa fuite en Eypte, se soit reposée à l'ombre de cet olivier, alors que la Vierge et Jésus étaient exténués.

Douce légende, qui de nos jours encore fait ployer les genoux à des milliers de pélerins, venus même du fond des steppes de la Russie !

Une autre fois, nous nous transportons à l'Abbassieh, pour visiter la ferme des autruches. Cette installation, dirigée par un français, fait grand honneur à notre compatriote qui est fixé depuis longtemps en Egypte.

Le commerce des plumes d'autruches est, en effet, fort lucratif et la quantité exportée lui assure des bénéfices.

La ferme occupe un vaste emplacement, sur les confins du désert; les volatiles s'y trouvent dans leur élément. Des enclos, formés de palissades élevées, séparent mâles et femelles, ainsi que les autruchons à peine éclos, de ceux qui comptent déjà quelques mois.

A l'époque de l'accouplement, un choix judicieux est fait parmi les adultes et les couples sont isolés.

L'autruche mâle atteint facilement deux mètres de hauteur; sa force et sa vitesse à la course sont proverbiales. Une ruade est mortelle et c'est avec les plus grandes précautions que les gardiens s'en approchent au moment du rut.

La bête offre alors un spectacle répugnant; le duvet qui recouvre le cou, le ventre et les cuisses, tombe; toutes ces parties dénudées offrent un aspect rouge et sanguinolent; seules les plumes des ailes et de la queue persistent.

La femelle dont les plumes sont d'une belle couleur grise, se laisse plus facilement approcher. Le nid est un tertre peu élevé contenant une petite excavation pour les œufs; la femelle s'y livre alentour à des ébats, à des contorsions d'une gaucherie amusante.

La plupart du temps, les œufs lui sont enlevés et transportés à la couveuse où ils se trouvent plus en sûreté. Là, les œufs posés sur des étagères y séjournent pendant un mois environ, dans une température moyenne de 40°. Etant étiquetés, le surveillant, aux approches de l'éclosion, prend les œufs et les transporte dans une chambre noire contiguë, dont la muraille porte une ouverture du diamètre de l'œuf; celui-ci y est introduit et l'employé peut apercevoir à son aise le nouveau-né.

Quelques coups de marteau suffisent à enlever une cupule à la coque et le jeune autruchon, tout heureux d'avoir échappé aux ténèbres, prend immédiatement un bain de soleil au milieu de ses congénères.

On ne saurait trop admirer la Providence dans toutes ses manifestations et louer, en même temps, notre compatriote, de son initiative dans cette industrie qui comporte tant d'aléa.

Nous nous retirons enchantés, après l'avoir chaleureusement félicité.

L'hiver s'annonce peu à peu; c'est le moment où la chasse va faire diversion à la monotonie de cette vie officielle.

J'avais eu le plaisir de faire la connaissance de M. Rhalli, Consul de Grèce, dont l'affabilité est légendaire et la considération très grande en Egypte. M. Rhalli est père de quatre jeunes filles dont la beauté et la grâce ne sauraient être surpassées.

Le Consul de Grèce aime aussi la chasse et j'envisage avec joie des parties en perspective.

De concert avec M. Denaut et M. de Lalande, M. Rhalli qui connaît les endroits giboyeux, organise les expéditions. Nous allons un jour sur les lagunes de Bedréchine.

A la sortie de la gare, nous sommes assaillis par une nuée d'âniers; tous les baudets sont excellents, nous disent-ils. Baudi bon, Moussié! L'un d'eux a l'audace de m'offrir le baudet de M. de Lesseps! et nous rions de bon cœur (chose qui arrive si peu au Caire).

Enfin, notre choix est fait; nous enfourchons nos montures et après une demi-heure de route, nous sommes sur le terrain de chasse.

Les vols de canards sont innombrables; c'est une fusillade intense répétée par tous les échos d'alentour; bon nombre de nos victimes, canards, sarcelles ou poules d'eau, disparaissent blessées, ne pouvant être repêchées.

Après un excellent déjeuner dont M. Rhalli s'est fait l'ordonnateur, la chasse reprend jusqu'au soir, et ce n'est qu'à regret que nous quittons Bedréchine, grisés de mouvement et de lumière.

Nos gens nous ayant signalé un passage important de canards et de sarcelles sur le Nil, le dimanche suivant, à l'aube, une barque nous emporte et se laisse dériver au cours du Nil. M. Denaut a pris sa canardière.

Le soleil a dissipé la brume matinale et au loin, sur le fleuve, s'ébattent des centaines de canards. Tapis au fond de la barque, le haut de nos têtes seul dépassant le plat-bord, nos yeux sont fixés vers le but; la canardière et les trois fusils braqués vont cracher la mitraille avec ensemble.

Déjà de nombreuses barques lourdement chargées, manœuvrées au moyen d'une longue perche, nous ont côtoyés. Les mariniers s'interpellent joyeusement et les canards n'ont pas bronché; les guetteurs savent que le danger n'est pas de ce bord.

Notre barque arrive doucement vers eux; silence absolu, inquiétant pour les canards; nous sommes à 80 mètres. Cette inquiétude est transformée en panique et tout s'enfuit.

Nous sommes désappointés, mais non désespérés, car la bande de canards s'est posée à deux kilomètres plus bas. Après quelques coups d'aviron pour activer l'allure, nous arrivons sur les oiseaux. A cent mètres, une rafale de plomb s'abat sur eux. Les chevrotines font fuser l'eau en gerbes, des plumes volent au vent. Deux canards sont au tableau; le reste a plongé ou s'est évanoui.

On croirait que ces volatiles sont ensorcelés ou bien que notre poudre est mauvaise.

Après plusieurs tentatives inutiles, la barque accoste; M. Rhalli connaît un endroit charmant où nous pourrons faire halte et déjeuner.

Moment exquis; l'air vif a stimulé notre appétit. Nous oublions nos déboires cynégétiques et tout en convenant du flair que possèdent les canards, nous ne manquons pas de boire une coupe de champagne à la santé du Consul de Grèce.

Quelque temps après, nous devions nous retrouver non loin du Caire, dans un endroit confinant au désert. Là, se trouvent plusieurs canaux qu'Ismaïl Pacha avait fait creuser en vue d'irriguer cette région; le sable les a comblés en partie. Cependant des infiltrations du Nil s'y sont maintenues et une forêt de roseaux en recouvre la surface; se trouvant loin des agglomérations, ces canaux sont tout indiqués pour donner asile à une multitude de canards, de sarcelles et de hérons.

Nous amenons avec nous, en plus de nos domestiques, deux arabes dont la mission est de faire lever le gibier.

A cet effet, l'un d'eux passe sur la berge opposée; ils tiennent chacun le bout d'une longue corde au milieu de laquelle est attachée une caisse vide en fer blanc. Cette caisse promenée sur les roseaux produit un bruit infernal.

Les canards affolés s'envolent dans toutes les directions, et comme les chasseurs se sont divisés et suivent les berges, c'est une fusillade ininterrompue, tout le long des canaux.

Je garderai longtemps le souvenir de ces chasses où mes amis et moi faisions surtout parler la poudre avec fracas.

Décembre est arrivé et la série des fêtes a repris. Le Ministre de France a reçu une invitation ainsi que son personnel et le Consulat de France, au dîner offert par S. A. le Khédive. Les Diplomates, les Ministres, le Haut-Commissaire anglais, les officiers du corps d'occupation et les principaux membres de la colonie européenne doivent assister au bal qui sera donné au palais.

Les salons du palais d'Abedine sont, ce soir-là, brillamment illuminés. Le dîner offert par Tewfik-Pacha, magnifiquement ordonné, laisse entrevoir par sa délicatesse que la cuisine française est fort prisée en Egypte.

Son Altesse le Khédive ouvre ensuite le bal, en conduisant lui-même le quadrille des lanciers. C'est une profusion de perles et de diamants. L'éclat des lustres, rehausse le teint des danseuses et fait scintiller les pierreries. Les uniformes des officiers anglais jettent sur le tout une note charmante; des couples lassés de la valse, s'égrènent dans les serres et les lataniers, sous lesquels ils se réfugient, vont surprendre de douces confidences.

Demain matin, 1er Janvier 1889, il y a réception officielle à l'Agence. Comme d'habitude, les hauts fonctionnaires du Gouvernement Egyptien, le Sirdar et le Haut-Commissaire anglais, les membres de la Colonie française viennent féliciter le Ministre de France qui a autour de lui son personnel et le Consulat de France en grand uniforme.

Ces réceptions, empreintes de cordialité, resserrent toujours un peu ces liens d'amitié que les intérêts politiques et les conflits tendent à relâcher.

Dans ce récit, le lecteur m'excusera de ne pas m'attarder à la flore, à la faune de l'Egypte, à son commerce, à son industrie, à son climat. Plusieurs volumes seraient nécessaires et je dois l'amener à ma suite dans ma course sur la planète.

Un matin, M. d'Aubigny me fait appeler et m'annonce ma nomination à Damas. J'en suis au fond très satisfait car, mon ennui va disparaître. De plus, M. de Beaucaire étant parti (question de parfums, m'assure-t-on), j'ai hâte de m'éloigner.

Je fais les visites d'adieu réglementaires et gagne Alexandrie.

Deux jours après, le vapeur *Orénoque*, des Messageries Maritimes, m'amenait à Beyrouth et le surlendemain j'étais aux ordres de M. Guillois.

CHAPITRE IV

Sommaire : Arrivée à Damas. — Rhodes. — Smyrne Salonique. — Le Pirée. — La baie de la Sude. — Les Jardins de Damas. — La caravane sacrée de la Mecque. Messe consulaire. — Les chasses à Damas. — Nomination à Djeddah. — Port-Saïd. — Ismaïlia. — Suez.

Peu de choses ont changé depuis que j'ai quitté Damas.

Le printemps est dans toute sa splendeur; la ville, au milieu de ses jardins en fleurs, offre du haut de la montagne un coup d'œil incomparable.

Quelque temps après, un télégramme vient obscurcir l'horizon. Ma mère, en proie à une maladie implacable, m'appelle et me voilà de nouveau dévalant à bride abattue la chaîne du Liban.

Le *Sénégal* est en rade de Beyrouth et va lever l'ancre. Nous faisons escale à Tripoli de Syrie, dont le site, dominé par le château de Baudouin, est agréable. La construction de ce château-fort remonte aux Croisades et les Turcs l'ont transformé en caserne.

Nous nous arrêtons quelques heures, trop brèves, à Larnaca, capitale de l'île de Chypre, à Latakieh et à Mersina.

Le surlendemain, nous jetons l'ancre dans le port de Rhodes. La ville de Rhodes, capitale de l'île, est pleine de souvenirs de l'antiquité et surtout de l'occupation des Chevaliers. Ses murailles existent toujours; on y voit aussi la trace des soubassements qui supportaient les pieds du Colosse antique. Il est certain que les galères grecques devaient facilement manœuvrer sous lui.

De nombreux moulins témoignent encore de la prospérité de l'ancienne Rhodes; la rue des Chevaliers est ce qui doit retenir le plus l'attention

VUE DE DAMAS (CITADELLE ET TOMBEAU DE SALADIN)

du voyageur. La rue descend en pente douce vers le port; les dalles qui la pavent sont encore intactes et les maisons basses portent aux frontons les noms des plus illustres chevaliers; un cartouche renferme leur blason et la date de leur séjour. Si ma mémoire est fidèle, je crois avoir lu les noms de Villaret, de Gozon, d'Hérédia, de Jacques de Milly, d'Amboise, et de Villiers de l'Isle-Adam.

Un arsenal subsiste encore et des monceaux de boulets de pierre attestent les luttes terribles que soutinrent les Chevaliers contre les Sarrazins.

Le *Sénégal* se dirige vers Smyrne. La ville est magnifiquement pavoisée, car l'escadre du Levant, que nous avions aperçue la veille en ligne de file, nous y a précédés.

Je descends pour visiter cette cité tant vantée.

Assise au fond du golfe, Smyrne, ville très commerçante, offre un grand attrait. Les quais sont très animés; une cohue de gens affairés bouscule les promeneurs; des files interminables de chameaux de la Bactriane, chargés de toutes sortes de colis, se suivent, se croisent; quelques-uns, attachés à la queue leu-leu, transportent des rails de chemin de fer à des centaines de kilomètres dans l'intérieur de l'Anatolie; l'un d'eux se met en travers et barre la rue; de là, des cris et des vociférations du conducteur Kizilbach dont l'accoutrement rappelle celui des bandits de la Calabre.

Dans le port, un va-et-vient incessant a lieu autour du vaisseau-amiral; les couleurs françaises claquent au vent et ce spectacle allège un peu le chagrin qui m'étreint.

En sortant du golfe de Smyrne, le vapeur est saisi par une bourrasque de N.-O.

Les cales sont pleines de balles de coton et le pont en est recouvert. Le navire roule et fatigue horriblement. La nuit est très mauvaise, mais au matin, à ma plus grande satisfaction, je me réveille dans le port de Salonique. La ville bâtie en amphithéâtre, dort dans ses vieilles murailles et la Tour Blanche prend une teinte rose au soleil levant.

Salonique a une population assez considérable, composée de musulmans et de juifs issus des espagnols réfugiés après leur bannissement de l'Espagne, aux temps de l'Inquisition. Leur nombre est considérablement supérieur à celui des musulmans.

Après avoir visité rapidement la ville, comme la sirène du *Sénégal* appelle ses voyageurs, je rembarque et nous repartons pour le Pirée.

Le navire ne s'y arrête que quelques heures; il m'est donc impossible d'aller visiter Athènes et j'en suis désolé.

Nous arrivons à Marseille sans incident et le lendemain je me trouvai auprès de ma mère. Mon retour lui cause une grande joie, mais la maladie a fait trop de ravages pour espérer la guérison. Je passe quelques jours auprès d'elle dans l'angoisse, car l'heure du départ approche.

Les adieux furent infiniment tristes; il me semblait que je ne devais plus revoir cette mère si bonne et si douce qui avait entouré ma jeunesse de tant de soins affectueux.

Je repars, la mort dans l'âme, et je prends place sur le *Sénégal* qui va effectuer un autre voyage en Syrie.

Les officiers du bord m'accueillent avec joie; mais une tristesse indicible m'étreint.

En sortant du détroit de Messine, le navire se dirige vers la baie de la Sude où sont concentrées les escadres qui opèrent dans ces parages, la Crète étant en révolution.

L'arrivée du vapeur est attendue avec impatience, car il porte les dépêches et la poste destinées à l'escadre.

La baie de la Sude, très vaste, offre un spectacle saisissant. Toutes les grosses unités mouillées à quelques encâblures du paquebot, semblent des monstres marins qui sommeillent paisiblement à la surface des flots.

Le *Sénégal* ayant rempli sa mission, repart pour Alexandrie et quelques jours après, je me retrouvai à mon poste.

Comme la Colonie française à Damas est des plus restreintes, et que les établissements religieux français vivent dans la plus complète harmonie, le calme est souverain au Consulat.

Nous en profitons pour faire des excursions aux environs; à Salahiyé, village kurde, au nord de Damas, sur le mont Kasioun, des hauteurs duquel on a un superbe panorama de la ville entière et de ses environs; puis à El Mezzé, à Kafr Soussé, à El Kisoua, sur la route de la Mecque, et à Douma, sur la route de Palmyre.

En dehors de la ville, se trouvent des jardins, qu'arrose le Barada, très fréquentés pendant l'été par la population élégante de Damas. Les jardins de Bab Touma et de Sofanieh, réunissent, en effet, de jour et de nuit, les amateurs de chant et de musique. Des chanteurs arabes s'y font entendre et j'y retrouve le célèbre Chéikh Salamé el Hidjazi qui obtient chaque année le plus grand succès.

Me trouvant au Caire, je l'avais entendu, un soir, au Théâtre Khédivial, tenant dans une pièce à grand spectacle le rôle d'Haroun el Rachid. Ce fut pour lui un triomphe, car toute la Cour était présente.

Le Gouverneur général vient de faire parvenir au Consul une invitation pour assister au départ de la caravane de la Mecque.

Au jour indiqué, nous nous trouvons réunis dans un local qui a été gracieusement mis à notre disposition; les représentants des autres puissances étrangères, des fonctionnaires turcs et arabes nous y rejoignent. Des officiers d'ordonnance du Gouverneur général nous tiennent compagnie; des boissons rafraîchissantes, du café, des cigarettes nous sont offerts.

Déjà, on entend au loin, des ronflements de tambourins et de cymbales. Ce sont les avant-gardes de la caravane qui s'avancent, précédés de gendarmes à cheval et de musiciens de la cavalerie turque.

Des derviches en nombre, accompagnent la caravane; puis, le Gouverneur général, commandant en chef le Ve Corps, en grand uniforme, suivi d'un brillant état-major, de fonctionnaires, d'ulémas, tous montant des chevaux arabes de race pure, recouverts de housses somptueuses.

A la suite, s'avance le chameau sacré qui porte

le tapis pour la Caâba de la Mecque, don de S. M. le Sultan, le tout accompagné de riches cadeaux pour le grand Chérif de la Mecque, et pour le tombeau du Prophète, à Médine.

Le cortège est encadré par un escadron de cavalerie, suivi de quelques pièces légères de campagne à dos de mulets.

Ces précautions sont indispensables, car la caravane poursuit sa route dans le désert vers Médine et la Mecque.

De nombreuses tribus de bédouins hostiles habitent ces parages et les attaques à main armée dirigées contre la caravane ne se comptent plus. L'artillerie est alors d'un puissant secours et la caravane se remet en marche après avoir perdu quelques unités, mais les bédouins jonchent la plaine de leurs cadavres.

Les mêmes scènes se reproduisent d'ailleurs, entre Djeddah et la Mecque, entre la Mecque et Médine.

M. Guillois étant grand chasseur, dès que les occupations du Consulat lui laissent quelques loisirs, part quelquefois de fort bonne heure pour tirer la perdrix, en compagnie de M. Bertrand, Consul d'Autriche, et de M. Falais.

Des voitures supplémentaires emportent nos domestiques respectifs. Le terrain de chasse d'El Mezzé est assez éloigné et en l'occurrence rien ne saurait être négligé.

Des chevaux de bât nous attendent sur les lieux mêmes, car, le terrain vallonné et couvert de pierres, est des plus pénibles à parcourir.

Dès que nous sommes arrivés, les chasseurs montés se dispersent et la fusillade commence. La compagnie de perdrix dérangée, fuit et se dirige à tire d'aile vers la colline voisine distante de 5 à 600 mètres. Le chasseur est donc obligé de descendre et de faire l'ascension de la nouvelle colline. C'est alors que sa monture devient utile; le pied de ces animaux est sûr et leur endurance sans égale, car la journée de chasse n'est qu'une suite ininterrompue de montées et de descentes dans un amoncellement et un chaos indescriptible de pierres.

Vers 11 heures, la chaleur est accablante; je retrouve le Consul d'Autriche ruisselant; adossé à un rocher, exténué, il s'est débarrassé de son attirail formidable et a étendu autour de lui plusieurs mouchoirs avec lesquels il s'éponge.

L'heure du déjeuner approche et tous les chasseurs gagnent l'un après l'autre le point de ralliement. Notre cuisinier a trouvé une excavation dans les roches et là, installés par terre, à l'ombre, nous allons savourer, après six heures de marche, le mets succulent qui nous a été promis; je veux parler du mouton à la Palicare.

Ce plat, inconnu chez nous, mérite tous les égards du gourmet et j'en fais la description en faveur de nos Nemrods dont l'appétit a été aiguisé par des marches et des contre-marches, des montées et des descentes à la poursuite d'un gibier quelquefois insaisissable.

Le mouton, préalablement écorché et vidé, a été recousu dans sa peau, bourré d'épices et de condiments. Un trou est creusé en terre; le fond en est tapissé de cendres chaudes, de braises ardentes et de plantes aromatiques. Le mouton y est placé sous une couche de braises, le tout recouvert de branchages et de pierres. La cuisson se fait à l'étouffée pendant une heure et demie.

Rien ne saurait approcher, en campagne, d'un pareil régal; lorsque le mouton est retiré de son suaire ardent, cuit à point et rissolant, les chasseurs affamés, tels des cannibales, saisissent à pleines mains les gigots qui leur sont offerts et y mordent à belles dents. L'emploi des couteaux et fourchettes ne sauraient être toléré en cette circonstance; le festin est arrosé d'un de ces délicieux vins du Liban, issu de la cave des Pères Jésuites de Ghazir.

Réconfortés et repus, nous reprenons la chasse sous l'impulsion énergique du Consul d'Autriche qui, semblable à Antée, a retrouvé une vigueur inconnue au contact terre à terre du mouton à la Palicare.

Moments exquis, qui seront éternellement fixés dans ma mémoire.

Décembre est survenu, et la cérémonie de Noël

aura lieu demain à l'Eglise des Pères de Terre Sainte.

A l'heure fixée, le Consul en grand uniforme, précédé de ses janissaires et accompagné de son personnel, se rend à l'Eglise latine.

Contrairement à l'usage, les portes sont à demi-ouvertes; personne n'est là pour recevoir le Consul et le conduire à son fauteuil. L'affront fait au représentant de la France devant les Consuls étrangers et une foule considérable, est sans excuse.

La messe terminée, nous regagnons le Consulat et aussitôt, M. Guillois fait mander le Père Supérieur et lui demande des explications. Celui-ci balbutie des banalités.

C'est, en effet, le moment où l'Italie crispinienne qui a oublié Solférino et Magenta, cherche à nous supplanter en Orient. De nouvelles écoles sont fondées, des subventions multiples sont accordées. Monseigneur Piavi, qui est à la tête des missions italiennes en Orient, profondément hostile à la France, ne cesse de battre en brèche notre influence religieuse aux Lieux Saints.

Malgré les appels réitérés du Consul et les démarches de notre Ambassadeur à Rome, le Père Salvator n'est pas destitué.

C'est le premier pas dans la voie des renoncements.

Cependant, le Père Salvator vint, quelques jours après, toucher au Consulat la subvention accordée par la France aux Pères de Terre-Sainte.

Les commencements de l'année 1890 s'écoulent sans incident; plus tard, des nouvelles de France m'annoncent que l'irréparable est accompli. Ma mère venait de succomber à la maladie et un prompt retour s'imposait de nouveau.

Grâce à l'amabilité du Consul, qui obtint un nouveau congé pour moi, je reviens en France, à bord du *Memphis,* des Messageries Maritimes. Après avoir consacré quelques jours au règlement de mes affaires, je regagnai Marseille en toute hâte et le *Chili,* de la même Compagnie, me ramenait à Beyrouth.

Ces voyages faits par un temps radieux ne parvenaient pas à me tirer de ma tristesse et le souvenir de ces heures sombres n'a jamais pu disparaître de ma mémoire.

Quelques jours après, le courrier m'apporte ma nomination à Djeddah.

Je quitte mon chef avec regret, car il me fut toujours bienveillant et après avoir fait mes adieux en ville, je me retrouve une fois de plus à Beyrouth, et deux jours après, le *Niger* me débarquait à Port-Saïd.

Port-Saïd, une ville toute récente, dont l'origine date de l'ouverture du Canal de Suez, n'a rien qui puisse séduire le voyageur. Les abords du canal que domine le phare sont occupés par quelques maisons de commerce, des hôtels et les immeubles de la Compagnie du Canal.

Seule, l'avenue de Lesseps offre une rareté piquante. On y trouve quelques cafés où se tient ordinairement un orchestre viennois. Un guetteur est à la porte et dès qu'un voyageur se présente l'orchestre attaque le « Beau Danube bleu. » Des torrents d'harmonie saluent le client qui fait une entrée insolite. Il croit trouver une nombreuse assistance; quelle n'est pas sa déception, lorsqu'il se voit complètement isolé. Noblesse oblige; il reste. Alors l'orchestre attaque « Tannhaüser »; les cuivres rugissent, les ronflements de la contrebasse se mêlent aux modulations criardes de la flûte. L'étranger, abasourdi, écoute sans sourciller; peu à peu, l'orchestre s'arrête; après un pourboire réglementaire, le voyageur s'éclipse et le guetteur se remet à son poste.

Un steamer de la Compagnie Péninsulaire est à quai et va se diriger, cette nuit, vers Suez. Je prends passage à son bord et vers neuf heures, le paquebot, ayant embarqué son pilote, s'engage dans le canal.

A l'avant, un projecteur éclaire la route à plusieurs centaines de mètres.

Nous côtoyons le lac Menzaleh; le Canal, admirablement balisé, permet au navire de se diriger à la vitesse de six milles à l'heure.

Ismaïlia, dont la vue nous est signalée par de

nombreuses lumières, est plongée dans le sommeil. Peu après, nous entrons dans les Lacs Amers et à l'aube, le Péninsulaire jette l'ancre dans la rade de Suez.

Au débarcadère, les appontements et les magnifiques immeubles de la Compagnie du Canal attirent l'attention du voyageur.

Le nombre considérable de Français employés à la Compagnie forme déjà une petite ville à côté de la ville indigène.

On y remarque, de plus, l'hôpital français dirigé par les Sœurs du Bon Pasteur.

Après une visite à notre Consul, je m'embarque à destination de Djeddah sur un paquebot de la Compagnie Khédivié.

CHAPITRE V

Sommaire : Navigation en Mer Rouge. — Djeddah. — La ville, la rade. — Commerce. — Les perles. — La nacre. — Le Simoun. — Nuits des tropiques. — La Mer Rouge. — Un cyclone. — Faune et flore. — Les requins. — Les coraux. Le tombeau d'Eve. — Village nègre. — L'esclavage. Coutumes et mœurs des Arabes. — La langue arabe. Maladies du pays.

Le *Rahmanié,* de la Compagnie Khédivié, vient de larguer ses amarres et file à toute allure dans le golfe de Suez.

A partir de ce moment, le voyageur sent une douce tiédeur répandue dans l'atmosphère. Nous sommes en hiver, mais l'azur du ciel est immaculé. Une forte brise de N.-E. se met à souffler; des lames courtes déferlent sur le gaillard d'avant.

Les nombreux Arabes embarqués à Suez, s'enveloppent dans leurs manteaux et restent dans l'immobilité absolue.

Cependant, nous sommes abrités par les montagnes de la côte, et le Sinaï, tout inondé de lueurs mauves va disparaître dans la nuit.

Nous sortons peu à peu du golfe de Suez et nous entrons définitivement dans la Mer Rouge.

Le bateau roule et tangue fortement, la nuit est très agitée à bord; un phare à éclipse nous envoie ses rayons sur babord; c'est le phare de Chadwan que nous doublons. Le lendemain, la mer s'est calmée; nous laissons à droite l'îlot des Frères; la température s'est sensiblement élevée et la gaieté a repris ses droits à bord, car les Arabes préparent leur repas.

Le Commandant, tout radieux, m'assure que le temps s'est définitivement mis au beau et que la traversée de la Mer Rouge sera belle : In châ Allah !

(s'il plaît à Dieu). Chukri bey est arabe, comme tous les officiers du bord.

Le surlendemain, Djeddah est signalée et le pilote que nous avons embarqué à Suez nous conduit sans difficulté en rade.

Le Consul de France à qui j'avais signalé mon arrivée, envoie à bord un fonctionnaire.

Je faisais, le soir même, la connaissance des Consuls étrangers et celle du médecin de la quarantaine.

La colonie européenne est peu nombreuse à Djeddah; outre les personnes que j'ai désignées, il s'y trouve les Agents des Lloyds anglais, autrichien et hollandais.

La ville de Djeddah, qui est le port principal du Hedjaz, se trouve par 21°5 de Latitude N., et 37° de Longitude E.; elle compte à peu près, 18.000 habitants. La plupart sont Arabes.

Le teint bronzé de ceux-ci tranche avec la couleur foncée de ceux qui sont de mère négresse, car l'esclavage est encore fort en honneur en Arabie.

La ville compte 5 à 6.000 noirs du Soudan, tous esclaves, occupés aux travaux du port, s'adonnant à la pêche et à la recherche de la nacre; d'autres sont maçons et retirent de la mer les blocs de coraux qui servent à l'édification des maisons.

La ville est ceinte de murailles formant un quadrilatère; ces murailles, délabrées en certains endroits et agrémentées de quelques tours, n'offriraient aucune résistance à l'artillerie moderne.

Face au Consulat, située sur le bord de la mer, se trouve la forteresse, n'ayant aucune valeur militaire et transformée en bagne.

Bien qu'entourée de récifs, la rade située à un mille de la ville, m'a paru fort vaste. A mon arrivée, de nombreux navires à vapeur et voiliers sont à l'ancre. Deux vieilles frégates turques semblent assoupies sur les flots.

Non seulement une grande partie des pélerins qui vont à la Mecque, débarque à Djeddah, mais encore c'est le port de transit du Hedjaz pour toutes les exportations et importations.

Le mouvement y est très actif; le commerce d'exportation des peaux, des dattes, de la nacre, se fait sur une vaste échelle.

Lors de la fête des sacrifices, au moment du pélerinage, il se tue à Mouna, 150 à 200.000 moutons dont les peaux sont envoyées en Europe; les dattes noires de Médine, si renommées, arrivent par caravanes à Djeddah et sont envoyées en vrac sur tous les points du littoral et sur la côte d'Afrique; de plus, la Mer Rouge produit une grande variété de nacre.

La Compagnie du Lloyd autrichien qui a pour agent le Vice-Consul de cette puissance, fait parvenir à Trieste toute la nacre centralisée par lui.

Le mouvement d'importation est considérable. Bien que l'indigène possède les choses indispensables à l'ameublement de sa maison et à sa nourriture, il est obligé de s'adresser à l'étranger pour l'huile, le savon, le sucre et les bougies qui lui viennent de Marseille; le pétrole lui est fourni par l'Amérique, le sel et le riz par l'Inde; une grande partie des étoffes par l'Angleterre et la Perse lui envoie ses tapis.

Au sujet des étoffes de provenance indienne, je citerai ces tissus blancs, extra-légers, agrémentés de fleurs et de dessins variés, que les Arabes utilisent pour se confectionner d'élégantes djubbas; et cet autre tissu de fil, appelé étoffe de Trébizonde, dont la trame lâche est d'une fraîcheur incomparable pendant les chaleurs. Je m'étonne que la bonneterie française n'ait pas encore adopté ce tissu que rien ne peut égaler chez nous en été.

Quelquefois, un boutre venant du golfe Persique ou de la côte des Pêcheries, près de Ceylan, apporte des caisses de perles. J'ai vu étaler devant moi un lot de perles de la grosseur d'une noisette, du plus bel orient, et rouler en cascades des milliers de petites perles dignes d'orner le cou d'une reine ou la poitrine d'un rajah.

La pêche de la nacre dans la rade de Djeddah est fort curieuse; le pêcheur, armé d'un harpon assez léger fixé à une corde, embarque dans un houri (canot indien creusé dans un tronc d'arbre) se tient, par temps calme, penché sur la mer et en explore les faibles profondeurs au moyen d'une boîte en fer blanc dont les fonds ont été enlevés. Rien ne lui échappe alors de ce qui se meut au fond. La nacre est largement ouverte et semble se prélasser à la lumière qui lui arrive d'en haut. Le pêcheur lance le harpon verticalement et ramène la nacre.

Le surlendemain de mon arrivée, j'étais présenté à Son Excellence Khourchid Pacha, Caïmakam de Djeddah. Comme le Gouverneur du Hedjaz réside à la Mecque, c'est en somme le Caïmakam qui est chargé de l'intérim.

Précédés des cawas du Consulat, nous sommes reçus par Khourchid Pacha, dans son Conak. Ce palais est une demeure fort simple; un jardin, situé devant l'immeuble, semble une oasis dans ce coin si aride.

Le Caïmakam, dont la barbe est teinte en rouge, me souhaite en turc la bienvenue et prend plaisir à causer avec moi de la Syrie qu'il a parcourue autrefois.

L'entrevue terminée, nous prenons congé et allons voir le Commandant de la gendarmerie, Sélim Agha.

Ce militaire, qui incarne le type du vieux turc, a bien 80 ans; un fez très bas, cache jusqu'aux oreilles une figure poupine, aux yeux émerillonnés, le tout encadré d'une fort belle barbe blanche en éventail. Accroupi à la turque, son yatagan sur les genoux et le nargileh aux lèvres, Sélim Agha est le personnage légendaire des Mille et une nuits. Il fait certainement le commerce des esclaves; tout est noir dans sa maison, les domestiques, les femmes et les enfants; lui seul, dans ce milieu, promène sa blancheur immaculée et pour Sélim Agha il n'y a pas de petits profits.

Cependant, son influence est grande à Djeddah et ne saurait être dédaignée du Consulat. Comme Sélim Agha parle l'arabe, mon chef en profite pour lui tenir en sabir une conversation amusante qui déride le vieux soldat.

Je reviens enchanté de ces visites protocolaires, et je fais, le jour même, plus ample connaissance avec les Consuls d'Angleterre, de Hollande et d'Autriche. Les Consulats sont voisins et comme l'isolement dans lequel sont plongés les Européens à Djeddah est grand, force leur est de se visiter régulièrement chaque jour. Ayant pris mes fonctions, bon nombre de sujets grecs viennent me porter leurs doléances. Le Consulat de France a assumé la protection de la colonie grecque; la plupart, marchands, épiciers, etc., sont en butte aux tracasseries de l'autorité turque. Cependant, ils sont parfaitement unis entre eux.

En somme, le labeur est des plus simples au Consulat, car le pèlerinage est encore éloigné. Je parcours la ville de ci de là, mais les excursions sont interdites aux Européens, et il est dangereux de s'éloigner à plus d'un kilomètre des murailles.

Nous sommes, en effet, sur le territoire sacré de l'Islam et les pieds du giaour ne sauraient fouler impunément la terre sainte.

Cependant, quelques années auparavant, les Consuls ont fait construire sur le bord de la mer, à environ 400 mètres de la ville, un banc circulaire en pierre, sur lequel nous allons, de temps en temps, deviser, dès que le coucher du soleil approche; le crépuscule nous ramène aussitôt en ville avant la fermeture des portes.

Mars est arrivé et la chaleur s'est sensiblement accrue; des bouffées d'air chaud nous arrivent. Enfoui sous ma moustiquaire qui dégoutte d'humidité, je passe les nuits sur une couche complètement mouillée par la vapeur d'eau; mais cela ne présente aucun inconvénient, car les nuits sont chaudes et le simoun semble s'annoncer.

En effet, le lendemain il arrive par rafales, entraînant avec lui une masse de sable impalpable. Les maisons ayant de nombreuses fenêtres dépourvues de vitres, ce sable s'infiltre partout.

Les meubles craquent et se gondolent, sous cette chaleur torride; le sable emplit les assiettes, les verres; le déjeuner et le dîner sont compromis. Le thermomètre marque au dehors 55° centigrades.

En rade, à bord des navires en fer, la situation est intolérable; les rambardes brûlent et il n'est pas prudent de les saisir à pleines mains pour embarquer; la gymnastique et l'équilibre sont de rigueur à l'échelle.

Les navires de guerre ne peuvent y rester plus de 48 heures, car l'équipage souffre énormément, attendu qu'il n'est pas autorisé à descendre en ville de peur d'un conflit toujours possible avec la population fanatique du port.

Enfin, vers le soir, la rafale diminue d'intensité; elle recommence le lendemain et cela pendant une dizaine de jours, avec de nombreux intervalles en Avril et Mai.

Le simoun amène en même temps des quantités considérables de sauterelles jaunes. La ville en est inondée et les moineaux se livrent à une chasse effrénée.

Aussitôt, la population armée de bâtons, se précipite dans la campagne et tue des monceaux de sauterelles. Portées au bazar, elles sont immédiatement frites au beurre et vendues; débarrassées des pattes et des ailes, elles forment un mets savoureux.

Mais, à quelque chose malheur est bon; c'est alors que l'eau que l'on boit à Djeddah est exquise; l'alcarazas évapore rapidement avec ces chaleurs de fournaise et l'eau est très fraîche, car sa température est de 15°.

L'eau potable à Djeddah est de deux sortes; en premier lieu, celle des citernes qui se remplissent un jour de cyclone et peuvent alimenter la ville pendant quatre ans; cette eau est impure, car elle contient beaucoup de détritus, voire même des animaux morts; cependant, filtrée, elle est bue par la majeure partie de la population.

L'autre eau, excellente, vient d'une source captée dans les montagnes à douze kilomètres de la ville. Elle arrive à Djeddah éminemment pure, mais elle se paie beaucoup plus cher que l'eau de citerne. L'une et l'autre sont portées à domicile dans des outres en peau de chèvre.

Si les journées sont intolérables, en revanche, les nuits sont agréables, car les moustiques sont obligés de fuir et ne peuvent tenir dans une pareille bourrasque.

Ma maison, vaste et bien aérée, a trois étages; elle est couronnée par une magnifique terrasse fort agréable pendant les chaleurs. En effet, c'est là que je passe les nuits d'été les plus chaudes, à la belle étoile, sous une immense moustiquaire qui a les dimensions de la terrasse.

Les moucharabiés tiennent une grande partie de chaque étage. Ces fenêtres débordent la façade; des treillis en bois permettent de voir dans la rue, sans qu'un regard indiscret puisse pénétrer à l'intérieur; de plus, des panneaux se rabattant à l'extérieur pour laisser filtrer le jour, peuvent en se relevant plonger l'appartement dans une obscurité relative.

Toutes les boiseries sont ajourées et l'air circule librement; les courants d'air sont les bienvenus, car un refroidissement n'est pas possible au Hedjaz, en été.

Dès le coucher du soleil, tout est calme en ville; seuls, les chiens errants aboient de ci, de là, Abrité par ma moustiquaire, je cherche un instant de repos et comme le parquet de ma chambre est recouvert de longues nattes, j'entends un bruissement; la lune inonde l'appartement de sa clarté blafarde et j'aperçois une couleuvre qui donne la chasse aux souris; sur le rebord de la moucharabié, toute une famille d'orfraies est venue s'installer en poussant des hululements. Toutes à l'envi, sans remuer le corps, font faire demi-tour à leur tête, me regardent curieusement et disparaissent en poussant un cri strident.

La souffrance physique endurée à Djeddah par l'Européen est inimaginable; pendant huit mois, le soleil se lève implacable, dévore la campagne qui ne possède que quelques arbustes africains et transforme la ville en étuve. La température très élevée, au moment où souffle le simoun, lequel est intermittent, ne dépasse pas 36° à l'ombre pendant l'été; mais, la chaleur humide qui se fait sentir en Juillet et Août, est déprimante au suprême degré; l'hygromètre marque, en effet, 100° et l'air est saturé d'humidité; la transpiration ne s'évaporant plus, le corps se couvre de boutons qui occasionnent un prurit intolérable, et bon nombre de nos collègues s'endorment après s'être enroulés dans un drap mouillé.

Quelquefois, le mois d'Août entier est sans un souffle d'air, la température se maintient à 36° nuit et jour et l'hygromètre à 100°. Les Arabes eux-mêmes sont exténués.

Seules, une nourriture appropriée et la privation totale de boissons alcooliques, permettent à l'Européen de conserver sa santé. En effet, le sommeil et l'appétit disparaissent, la soif est inextinguible et une légère fièvre est constatée.

En 1891 et 1893, au moment du pélerinage en Juillet et Août, le choléra fit de plus son apparition.

Le lecteur pourra se faire une idée des souffrances morales et physiques endurées par la colonie européenne, au milieu de ces chaleurs torrides, alors que tout trafic avait cessé avec l'Europe et que seul, le bateau postal de la Compagnie Khédivié venait une fois par mois laisser et prendre la poste au vol.

Comme je l'ai exposé dans les lignes précédentes, pendant 8 à 9 mois de l'année, le ciel est d'une pureté incomparable. Le soleil poursuit imperturbablement sa route au zénith, et à midi, aucune ombre n'est projetée.

Pour se protéger de ses ardeurs, le casque et les vêtements blancs suffisent. Les insolations sont mortelles et le coup de chaleur peut amener également la mort, si le malade n'est pas soigné à temps. Le coup de chaleur est l'insolation de bas en haut; les rayons du soleil, réfléchis par les murailles ou la terre, occasionnent la congestion.

Pour avoir une idée de l'ardeur des rayons solaires en ces régions, j'ai fait au Consulat l'expérience suivante: je semai le matin à huit heures des graines de gazon et 24 heures après, la tige avait 0 m. 11 centimètres de hauteur, mais elle se desséchait aussitôt.

Dans les régions équatoriales, où la chaleur humide est constante, c'est la ruée folle de la végétation, c'est la forêt vierge dans un lacis de lianes et d'arbres gigantesques.

Quelquefois, en Février, un cyclone s'abat sur la ville. Un nuage noir se montre à l'horizon; un quart d'heure après, le ciel est complètement obscurci; des éclairs innombrables projettent une lueur aveuglante sur la ville; le bruit du tonnerre, répercuté par les montagnes des environs, est terrifiant. Une pluie diluvienne s'ensuit; des rafales de vent, soufflant à 100 kilomètres à l'heure, lancent des masses d'eau horizontalement contre les murailles des maisons. En un instant, les appartements sont inondés; tout le mobilier est enlevé au préalable, en vue de l'inondation.

Au plus fort de la tempête, on entend parfois un bruit sourd, semblable à une explosion; c'est une maison peu solide sur sa base, ébranlée par la rafale, qui s'écroule, ensevelissant sous ses décombres des dizaines de personnes.

La ville n'est plus qu'un marécage et on circule dans les rues, pendant huit jours, au moyen de houris, petits bateaux creusés dans un tronc d'arbre.

Les nuits des tropiques sont incomparables. L'obscurité profonde des régions de l'Europe, n'y existe pas; les étoiles resplendissent, la voie lactée semble surplomber la ville et la laisse dans un clair obscur qui permet de se diriger; la lune accomplit, elle aussi, son trajet au zénith et sa lueur qui inonde les terrasses blanches de la ville, donne l'illusion complète d'un effet de neige.

Les planètes semblent des phares à feu fixe; plus loin, la Croix du Sud brille dans toute sa splendeur.

Les géographes se sont souvent demandés au sujet de la Mer Rouge, à quoi pouvait-on attribuer ce qualificatif. D'aucuns ont prétendu que c'était à cause du corail; cette substance s'y trouve, en effet, mais en petite quantité. La Mer Rouge, dans toute son étendue est tantôt verte, tantôt bleue, et dans la rade de Djeddah, où la lumière est intense, ce n'est plus de l'eau, c'est de la turquoise fondue, sirupeuse, qui ondule mollement et qui déferle en pluie de diamants sur la crête sombre des récifs.

Les Arabes l'ont surnommée la Rouge à cause de la chaleur torride qui règne à sa surface pendant l'été depuis Suez, jusqu'à Aden. L'enfer porte également le même qualificatif. Et cela est si vrai, que la chaleur, si pénible sur le pont des paquebots, est insupportable dans la chaufferie. Toutes les Compagnies embarquent à Suez des équipes de Somalis et d'Arabes pour travailler dans les soutes, les débarquent à Aden et vice-versa.

En été, la phosphorescence de la Mer Rouge est considérable. Ce phénomène est dû à des milliards d'animalcules qui se laissent aller au gré des flots. Bien souvent, il m'est arrivé de rentrer par mer à Djeddah la nuit, revenant du lazaret d'Abou Saâd où j'étais en villégiature. Le remous produit par le gouvernail dégageait une telle phosphorescence qu'il m'était permis de lire mes journaux.

Dans le golfe Persique, les animalcules phosphorescents sont groupés en une boule énorme qui jette de vives lueurs et se laisse drosser par les courants.

La province du Hedjaz est aride dans sa plus grande partie; cependant, aux environs de la Mecque, se trouve sur la montagne la petite ville de Taïf, qui possède, paraît-il, des jardins magnifiques. Le grand Chérif et le Gouverneur général y ont des résidences somptueuses. Les jardins, bien irrigués, donnent des fruits savoureux et qui arrivent à Djeddah en parfait état de conservation; les raisins, les dattes, les bananes, la grenade y viennent en abondance; la pastèque à chair rouge semble porter la glace dans ses flancs; c'est le fruit le plus agréable du pays, au moment des grandes chaleurs. Nombre de légumineuses s'y récoltent et surtout le « gombot » dont le fruit, semblable par la forme au cornichon, renferme de nombreuses graines mucilagineuses.

Ce légume rafraîchissant est très apprécié en Orient.

Les dattes noires de Médine ont une réputation mondiale; pour ma part, j'ai transmis 150 variétés de dattiers au Jardin d'essai de Tunis. Les Arabes en comptent 260 espèces.

On y trouve aussi le séné, employé comme plante médicinale et le henné pour la teinture des ongles, des cheveux et de la barbe.

La faune y est également considérable; le cheval, le chameau, l'âne, le mouton et la chèvre, forment la richesse principale de ces régions.

L'élevage du chameau et du mouton y est intense. L'un sert aux bédouins à convoyer les pélerins et les fardeaux; le mouton sert à la nourriture de toutes ces populations et contribue à la fête des sacrifices, à Mouna, lors du pélerinage. Il est de règle, en effet, que tout pélerin doit, ce jour-là, tuer un mouton.

Le chameau coureur ou méhari est également utilisé; par le fond et l'allure, il laisse loin derrière lui le cheval de course et peut franchir 100 kilomètres, en une journée; je me souviens que le postier de Damas à Bagdad, monté sur son dromadaire, ne mettait pas plus de sept à huit jours pour parcourir les 800 kilomètres qui séparent ces deux villes.

J'ai assisté dans la campagne de Djeddah, à une course de méharis. La ruée de ces animaux apocalyptiques était foudroyante et l'on peut se faire une idée de ce que doit être le choc de deux tribus, en venant aux mains, montées à dromadaires.

Le chameau est, en effet, l'animal indispensable dans le désert; quelquefois le manque d'eau se fait sentir, alors l'Arabe utilise le lait de la chamelle; le cheval du désert en est lui-même très friand.

Au moment du pélerinage, la ville de Djeddah et ses environs comptent bien 20.000 chameaux pour le transport des pélerins et de leurs bagages. La ville en est encombrée; la circulation y est impossible et dangereuse vu l'étroitesse des rues et l'affluence des pélerins.

De plus, les chiens, les chacals, l'hyène abondent au Hedjaz.

Taïf voit également dans ses montagnes des colonies de singes cynocéphales de petite taille.

Un jour, un Algérien établi à la Mecque m'en fit parvenir quatre. Ils arrivèrent à Djeddah à dos de chameau; le chamelier tira d'une caisse mes quatre petits pensionnaires portant une veste rouge.

Cette présentation fit la joie des Européens en visite chez moi. Mes singes devinrent des amis fidèles qui ne me quittèrent plus et eurent leur place à table. Leur gourmandise était sans limites; les bajoues gonflées de fruits, ils se tenaient encore à table, une banane dans une main et un morceau de pastèque dans l'autre.

En cas de conflit et sur une remontrance de ma part, la femelle s'empressait de descendre en tirant la nappe et réduisant le service en morceaux.

Leur promenade favorite était la terrasse; là, un mât de pavillon se trouvait dressé; les cordages leur servaient de balançoire. Quelquefois, toute la bande dévalait l'escalier à toute allure poussant des cris perçants, venant s'accrocher à mes jambes avec des signes de frayeur et une mimique très expressive. Il y avait du danger là-haut; je savais que c'était un vautour qui, ayant aperçu les gymnasiarques, était venu se poser sur la pomme du mât en quête d'une proie.

Armé d'un Flaubert et suivi de mes quatre compagnons, j'allais sur la terrasse en tapinois et foudroyais le pirate. La joie des singes était inexprimable et les exercices recommençaient pour un temps.

Leur mort fut atroce et me mit au désespoir; pendant mon absence, après avoir mis mon salon à sac, ils s'emparèrent d'une boîte d'allumettes italiennes, au phosphore alléchant, et moururent dans des souffrances indicibles.

Ces animaux, fort intelligents, apportent toujours un peu de joie dans la désolation qui environne l'étranger.

Le Consul de Hollande, M. Spakler, avait de fort belles gazelles d'Afrique, du genre springbock et une guenon dont la distraction favorite était de happer au passage le chat de la maison et de le bercer pendant des journées entières, malgré les cris et les protestations de la pauvre créature, assaillie par toutes espèces de besoins.

La gent ailée y est fort bien représentée. Le vautour, la buse font le service du nettoiement; les moineaux piaillent avec frénésie; la chouette et l'orfraie sont assez nombreuses.

La mer regorge de poissons. Toutes les espèces s'y trouvent, depuis le requin jusqu'à la sardine. La plupart sont bariolés; le noir, le bleu, le jaune, le violet alternent sur leurs écailles, et rien n'est plus curieux que de voir dans les bazars de Djeddah, un pêcheur nègre portant sur les épaules une longue perche aux extrémités de laquelle sont suspendus de nombreux poissons aux couleurs les plus vives. Quelquefois, il porte à la main un jeune requin de 0 m. 50 à 0 m. 60 de long, dont la chair frite est excellente.

Me trouvant, pendant les fortes chaleurs, au lazaret d'Abou Saâd, je pêchais, la nuit, au fanal; mes lignes portant des quantités de hameçons étaient immédiatement pleines. Cette pêche miraculeuse faisait la joie de mes domestiques.

Il n'est pas rare, en hiver, de voir la mer, autour des récifs, couverte de sardines mortes. La température des nuits en hiver est de + 14°; cela suffit pour tuer tout le menu frétin qui flotte alors à la surface et que les pêcheurs ramassent à pleines couffes.

On y trouve des raies énormes dont la queue a plus d'un mètre de long; tapies sous le sable, ne laissant paraître que les yeux, elles se mettent à l'affût et cinglent atrocement le baigneur qui, par mégarde, leur met le pied dessus.

D'autres fois, on écrase une sorte de poisson ayant la forme et la grosseur d'un gros câble goudronné de 0 m. 30 de long.

La Rer Rouge contient encore deux espèces de poissons qu'on trouve en rade de Djeddah; l'un appelé Sandouk (boîte) a une forme carrée et sa piqûre est redoutable; l'autre, nommé Dik (le coq) dont la tête est semblable par la collerette à celle du coq, fait une piqûre mortelle; d'autres monstres doivent s'y trouver, mais les recherches ichtyologiques ne sauraient être encouragées par le Gouvernement turc qui voit toujours d'un fort mauvais œil la présence des étrangers dans ces parages.

Il est très agréable de se baigner en Mer Rouge, la température de l'eau étant en été de 28o centigrades; mais la présence des requins est un empêchement dirimant. En effet, le monstre se glisse par 0 m. 70 d'eau; sa présence est signalée par son aileron dorsal qui paraît à la surface de l'eau.

Bien que de nombreux noirs montent la garde autour de moi, je n'ose me risquer.

Les nègres ne le redoutent en aucune façon; cependant, l'ouïe du requin est très dévoloppée et le moindre bruit l'attire immédiatement.

Lorsque les noirs plongent, il accourt, mais ne les voit pas; l'œil du monstre est, en effet, très petit, il aperçoit plutôt les éclats projetés par une boîte de sardines et fonce dessus avec rapidité.

Dans le golfe Persique, aux îles Bahreïn, les plongeurs noirs qui vont récolter la perle sont souvent en péril par vingt mètres de fond; mais il y a des équipes spéciales de plongeurs qui vont attaquer le requin. L'avant-bras gauche ceint d'un bracelet de cuir, l'arabe plonge, armé d'un coutelas et va à la rencontre du squale. Celui-ci se retourne aussitôt pour le happer. Le plongeur lui saisit alors l'aileron et lui ouvre le ventre. C'est l'hallali pour les autres requins rôdant aux alentours.

J'en ai pêché deux en rade de Djeddah, au moyen d'un fort hameçon et d'un morceau de lard. La capture est immédiate; reste à fatiguer l'animal avant de l'amener à la surface. Après une heure de lutte, le monstre est hâlé et assommé à coups de barre de gouvernail.

Je l'abandonne à mes hommes qui sont très friands de sa chair.

Comme je l'ai déjà indiqué, la rade de Djeddah et toutes les côtes de la Mer Rouge sont bordées de récifs.

Ces récifs ne sont autre chose qu'un conglomérat d'animalcules ou madrépores, qui se reproduisent à l'infini, vivent et meurent à l'endroit même. Leur soudure calcaire a fini par former ces bancs de coraux qui sont du carbonate de chaux pur, d'une grande dureté; ils donnent, en effet, la pierre de construction qui est seule utilisée dans la Mer Rouge. Dès que la mer se retire, ces animalcules meurent et répandent sur la côte une odeur nauséabonde.

Mais, ce qui tient du merveilleux, c'est l'intensité de vie qui se manifeste à la surface de ces bancs, alors que la mer les recouvre. C'est par une belle matinée et mer calme, que le spectacle tient du prodige.

J'y suis convié, un jour, par le capitaine d'un navire du Lloyd autrichien, savant naturaliste. Un radeau nous attend le long du bord; nous embarquons. Le capitaine emporte une boîte et un solide filet à papillons. Je lui fais part de mon étonnement, mais il me prie d'être patient. Armé d'une pagaie, il dirige le radeau à quelques encablures du bord; alors, sur un signe, nous nous étendons sur le radeau et les mains formant écran, nous regardons sous la surface de l'eau.

Je suis émerveillé; le rocher entier semble un parterre de fleurs; on dirait des touffes de géraniums, des bouquets d'héliotrope, des mousses bleues et vertes; des lichens mordorés forment un délicieux tapis.

Au milieu de cette profusion de fleurs, formée par les madrépores et qui s'étend à l'infini, sous nos yeux, se jouent des milliers de petits poissons diaprés des couleurs les plus brillantes; ils sont transparents et leurs nageoires semblent des ailes de papillons; d'autres ont de monstrueuses antennes. Tout cela se joue, va, vient et disparaît dans les anfractuosités de la roche.

Le capitaine donne un coup de filet et en capture une cinquantaine qu'il épingle dans sa boîte comme des papillons. Malheureusement, leurs organes gélatineux s'atrophient à la longue par la dessication et leurs couleurs éclatantes pâlissent au bout de quelque temps.

Je me retire ravi de mon excursion en radeau;

aussi, je remercie le capitaine et le félicite vivement de sa capture.

Je crois que l'étude des poissons en Mer Rouge réserve de grosses surprises aux naturalistes.

Les marées de la Mer Rouge, comme celles du Golfe Persique, sont insensibles, n'étant que de quelques pieds; cependant, à l'époque des équinoxes, la mer s'élève à un mètre au-dessus de l'étiage.

Quittant la surface azurée de la Rer Rouge, je prie le lecteur de me suivre dans le dédale fétide des rues de Djeddah.

Que dirai-je de ses mosquées ? Comme le chrétien n'est pas autorisé à y pénétrer, je m'abstiendrai d'en parler. Cependant, on ne saurait y voir aucune trace de cet art arabe qui s'est complu à enjoliver et à enguirlander les mosquées du Caire, de Tunis ou de Tanger.

Le minaret est des plus simples, mais la voix sonore du muezzin attire l'attention.

Je ne crois pas avoir entendu nulle part de voix plus mélodieuses; ce n'est plus simplement l'appel à la prière, c'est une longue cantilène à la louange du Prophète, qui s'élance à la fois de plusieurs minarets, surtout à la prière du soir pendant le Ramadhan, et qui se prolonge pendant une heure; le muezzin, en effet, continuant la tradition de Billal (1), considère sa fonction comme sacrée.

La ville de Djeddah qui est des plus anciennes, tire son nom de notre mère Eve. En effet, la légende veut que la mère du genre humain y soit enterrée. A quelques centaines de mètres en dehors de la ville, on voit une construction en pierre affectant la forme d'un long tumulus. C'est là que repose Eve dont la stature était, paraît-il, surnaturelle. Le tumulus mesure, en effet, 20 mètres de long. En son milieu, s'élève une substruction dans l'intérieur de laquelle brûle perpétuellement une petite lampe, symbole de la vie.

Le gardien du tombeau est un vieillard respec-

---

(1) Billal, premier muezzin désigné par Mahomet pour appeler les fidèles à la prière.

table de 80 ans, d'une prestance magnifique; enveloppé d'un caftan, serré à la taille, le front ceint d'un turban vert, qui fut la couleur préférée du Prophète, sa longue barbe blanche, sa canne à pomme d'or, tout cela rehausse l'aspect majestueux de sa personne.

De nombreux pèlerins viennent en tous temps faire leurs dévotions au tombeau et laissent au gardien de nombreuses gratifications.

Adam est, paraît-il, enterré plus au nord, sur le bord de la Mer Rouge.

Sur le côté sud de la ville, se trouve un village d'esclaves noirs, originaires du Soudan ou Takrour; ils exercent les métiers de porteurs d'eau, de maçons, de marins, etc...

Leurs cases pointues suivant la mode africaine, entourées quelquefois de palissades et d'arbrisseaux toujours verts, jettent une note gaie dans le paysage désolé qui entoure la ville.

Leurs danses barbares ont lieu dans la nuit du Jeudi au Vendredi. L'un d'eux, portant sur la tête une couronne de plumes et une large ceinture agrémentée de sabots de chèvres desséchés qui crissent pendant ses déhanchements, se livre, appuyé sur un bâton, à une mimique désordonnée, accompagné par le ronflement d'une lyre africaine et le bruit assourdissant d'énormes tambours.

Tous les assistants modulent un chant bref, qui va des notes les plus élevées à la basse. Les femmes accompagnent la musique en frappant leurs mains en cadence.

La lueur vive des torches qui rougeoie sur ces visages noirs au rictus féroce, donne à l'ensemble un aspect repoussant.

Ils s'enivrent alors avec la boza, qui est une eau-de-vie produite par la fermentation de l'orge; ces saturnales se prolongent jusqu'au lever du soleil.

Il reste entendu que l'esclavage se pratique clandestinement à Djeddah et notre Commandant de gendarmerie, Sélim Agha, voit avec le plus profond chagrin les mesures draconiennes prises par les grandes puissances pour enrayer le trafic.

Ici, le courtier se tient dans un café particulier.

L'Arabe ou le Turc qui désire faire un achat s'abouche avec lui et voit la marchandise. Un noir adulte est estimé 40 thalaris, soit 120 francs de notre monnaie; une jeune abyssinienne, de 11 à 12 ans, se paie 1.200 francs.

Le statut personnel des esclaves est établi par le Coran; c'est donc aller à l'encontre de la volonté même des intéressés que de s'immiscer dans leurs démêlés.

Les quelques esclaves que j'ai fait affranchir plus tard se trouvaient d'autant plus malheureux qu'ils étaient alors reniés par leur congénères; force leur était de retourner chez le courtier et de se faire vendre à nouveau.

Cependant, les mesures sévères prises pour enrayer la capture des noirs de l'Afrique centrale, ont porté leurs fruits. Le trafic des esclaves, tel qu'il y est pratiqué, est inhumain au suprême degré; la France, l'Angleterre, l'Italie, se doivent à elles-mêmes d'extirper le mal à sa racine.

Le bétail humain est, en effet, amené clandestinement sur la côte d'Afrique et dans des parages déserts. Des sambouks prennent la cargaison et traversent, dans une nuit, la Mer Rouge; s'ils peuvent échapper à la surveillance des croiseurs anglais ou italiens, des feux allumés sur la côte d'Arabie, non loin de Djeddah par exemple, leur indiquent l'atterrissage. La cargaison d'esclaves est dirigée en partie sur Djeddah ou bien sur la Mecque et Médine où les marchés sont publics.

En dehors des murs de la ville et non loin de la mer, se trouve le cimetière européen. C'est un terrain, ceint d'une muraille, concédé aux étrangers par le Gouvernement turc. Là, reposent mêlées, toutes les confessions; le catholique dort à côté du protestant ou du bouddhiste. Seul, le juif n'est pas toléré en terre sainte.

Les manifestations du culte catholique n'étant pas autorisées au Hedjaz, nulle église n'apparaît, nulle cloche ne saurait se faire entendre. L'étranger qui meurt, soit à terre, soit à bord, est enseveli dans le pavillon de sa nation; son Consul l'accompagne à sa dernière demeure, récite sur sa tombe une courte prière, et lui dit quelques mots d'adieux.

Une petite colonie grecque se trouve mêlée aux Européens et de nombreux Abyssins sont dissimulés sous le costume musulman; il y a des mariages et des naissances.

Tous les quatre ou cinq ans, un Père franciscain arrive de la Mission d'Aden; reçu au Consulat de France, il y trouve, en plus de l'hospitalité, des ornements sacerdotaux, l'Evangile et une chapelle improvisée. Les Consuls étrangers sont conviés à la messe et tous les chrétiens que le Père a pu recruter en ville, l'équipage d'un navire qui se trouve parfois en rade, tous recueillis, écoutent le service divin.

Le lendemain matin, dès l'aube, le missionnaire a repris ses saintes fonctions, il a marié, baptisé et confessé tous les chrétiens qui n'étaient pas en règle avec la religion, puis son sacerdoce terminé, il retourne à Aden.

Le costume des habitants du Hedjaz est élégant. Les vêtements de dessous sont d'une étoffe très légère, le tout recouvert d'un caftan, quelquefois rose ou bleu; ils portent à la ceinture un petit poignard à pointe recourbée dont la gaîne est guillochée d'argent.

Le costume d'intérieur des femmes arabes est identique à celui des Indiennes; il est donc des plus sommaires.

Dans la rue, elles s'enveloppent d'une mante de couleur bleu foncé qui, ramenée sur la figure, laisse à peine entrevoir les yeux.

Leur teint est bronzé et leur profil est des plus purs. Leurs yeux atteignent parfois des dimensions à peine croyables et leur éclat est rehaussé par le kohol.

De gros anneaux d'argent ceignent leurs chevilles; leurs pieds sont chaussés de petites bottes jaunes, légères, qu'elles passent dans des babouches de même couleur pour circuler au dehors. Les élégantes arborent une petite ombrelle en satin bleu.

Les mœurs et les coutumes des Arabes du Hedjaz habitant les grands centres ne sauraient différer de celles des tribus bédouines qui errent dans le désert, fanatiques et cruelles.

L'Arabe ne voit qu'un seul commerce, qu'une seule industrie, c'est l'exploitation du pélerin que ses devoirs religieux appellent à la Mecque et à Médine.

Les Bédouins qui convoient ces longues caravanes ne laissent pas échapper une seule occasion de les piller et de les détrousser. Malheur à l'Indien ou au Javanais inoffensifs, dont la ceinture est bien garnie, qui s'isole un instant sur la route. Mais, je dois ajouter que le Turc qui assiste à la curée, leur fait rendre gorge tôt ou tard.

J'aurai l'occasion, d'ailleurs, d'en parler à propos du pélerinage.

Les habitants de Djeddah étant très fanatiques, la situation des Européens y est toujours très aventurée. Il est très pénible de se promener dans les rues de la ville. L'étranger qui connaît l'arabe, s'entend invectiver et traiter de Nousrani (Nazaréen), mot qui a dans cette langue un sens péjoratif, de Kafir (hérétique), de Kelb (chien), de Khanzir (porc); les enfants glapissent à l'unisson, les femmes lui crachent dessus dans la rue et se détournent avec horreur.

Les dames européennes ne sauraient circuler dans les bazars, sans être exposées à tous les quolibets; force leur est de revêtir le costume des femmes arabes.

Il ressort donc que les populations musulmanes, de par leur religion et leurs mœurs, sont irréductibles et inaccessibles à notre civilisation dont elles ne sauraient comprendre le sens; seule, une poigne de fer peut les maintenir dans l'ordre.

Il est vraiment regrettable que les puissances européennes aient toujours montré, pour ces manifestations hostiles à l'endroit de leurs représentants, une indifférence coupable.

Pour les transactions journalières, toutes les monnaies d'or, la monnaie d'argent et de billon turques, servent d'échange; le thalari de Marie-Thérèse ou rial bouroum, évalué à 3 fr. 25 de notre monnaie, a un cours légal au Hedjaz et en Abyssinie. Par une de ces habitudes étranges qui se constatent chez ces peuplades arriérées, le thalari de Marie-Thérèse d'Autriche fut introduit au pays du Négus dans les débuts du siècle dernier et fut en grande faveur chez les indigènes et les Somalis. Il se répandit de là en Arabie. Tous les paiements s'y font en thalaris; aussi, le Gouvernement autrichien fait-il frapper régulièrement des millions de cette pièce de monnaie au millésime de 1792 et à l'effigie de Marie-Thérèse.

La langue arabe vulgaire parlée au Hedjaz, se rapproche sensiblement de l'arabe littéral. La prononciation est parfaite et n'a rien de commun avec les dialectes syrien et égyptien dans lesquels bon nombre de lettres de l'alphabet sont dénaturées et où s'infiltrent des idiotismes bizarres; je ne parlerai pas de l'arabe des Etats barbaresques et du Maroc, car sa compréhension nécessite à la Mecque et à Médine, l'emploi d'un interprète.

La littérature arabe est très riche et la poésie est des plus attachantes. Le conteur qui, dans le café arabe, tient son auditoire attentif, lui parle le langage des Moâllakat qui sont des poésies antéislamiques; le style du roman d'Antar, des Contes des Mille et une nuits ou des Séances de Hariri n'a rien qui puisse embarrasser le marchand de tapis ou de sandales qui, accroupi dans la pénombre de sa boutique, se délecte à la lecture de ces chefs-d'œuvre, car ce langage lui est familier.

Je me ferai, de plus, un scrupule de passer sous silence les nombreuses maladies qui sévissent à Djeddah, et par répercussion, dans le Hedjaz.

En premier lieu, la peste fait quelquefois son apparition; elle est importée de l'Assir, province du sud, contiguë au Hedjaz; elle est endémique dans cette partie de l'Arabie et transmise par les bateliers et les trafiquants venant de ces régions.

Le choléra, de provenance indienne, arrive fréquemment au moment du pélerinage et se développe au milieu de la fête des sacrifices. Le mal est foudroyant et fait des milliers de victimes parmi les pélerins.

La thérapeutique ne lui connaît pas de remèdes;

seuls, les Arabes ont tourné la difficulté; c'est avec le cognac (défendu cependant par la loi musulmane) qu'ils soignent le choléra. C'est par caravanes que cette mixture horrible qu'ils ont baptisée du nom gracieux d'abou silk (le père au fil de fer) arrive à la Mecque; la bouteille portant un petit réseau de fil de fer (silk, en arabe), est en grande faveur au Hedjaz; et, comme il est avec le ciel des accommodements, c'est dans l'ivresse générale que se noie le microbe du choléra.

La fièvre dengue, qui endolorit les articulations, se manifeste en hiver. Puis, viennent l'éléphantiasis de la jambe, commune chez les Arabes et les Persans, ainsi que le fertit ou filaire de Médine, particulière aux Bédouins.

La filaire est un ver parasitaire que le bédouin enroule, chaque matin, de quelques tours sur un petit morceau de bois *ad hoc*.

Comme je l'ai déjà dit, la navigation est très active à Djeddah. En dehors des grandes Compagnies de navigation qui y font escale en majeure partie pour l'importation, le débarquement et l'embarquement des pèlerins nécessitent un fort tonnage.

A part deux magnifiques voiliers arabes qui font le trajet de Zanzibar à Bombay et retour à Djeddah, le reste de la navigation arabe se borne au cabotage au moyen de boutres.

Le boutre est une embarcation d'une quarantaine de tonneaux, ayant un gaillard d'arrière; une immense voile latine avec une brigantine composent toute la voilure.

Le capitaine, qui est arabe, a sous ses ordres une dizaine d'esclaves noirs faisant office de matelots.

La petite embarcation usitée dans le port, est le sambouk. Fortement charpentée, avec sa voile latine, l'embarcation est élégante et navigue au plus près avec une précision que ne sauraient obtenir nos canots européens.

CHAPITRE VI

SOMMAIRE : Le Ramadhan. — Révolte des Bédouins. — Les Consulats. — Le psylle indien. — Le pélerinage. — Le pélerinage algérien. — 2me révolte des Bédouins. — Un voyage au Caire. — Paquebot hollandais. — Djebel Tor. Retour à Djeddah. — Tell el Kebir. — De Suez à Yambo. La Mecque. — Le Docteur Hubert. — Congé. — Retour à Djeddah. — Attentat contre les Consuls. — Hôpital de Suez. — Retour en France.

Mai 1891.

Par une de ces belles soirées, comme il s'en trouve fréquemment sous les tropiques, on aperçoit une foule d'Arabes sur les terrasses des maisons, sur le bord de la mer, dans la rue, les uns observant l'occident avec une longue-vue, d'autres, le cou tendu, scrutant l'horizon et cherchant à entrevoir le mince filet du croissant de la lune à son premier quartier; c'est le signe indispensable de l'ouverture du Ramadhan ou jeûne musulman.

Un cri général retentit; le filet d'or a été entrevu, le jeûne est commencé. Au milieu de l'allégresse générale, les muezzins entonnent, du haut des minarets la prière du moghreb (coucher du soleil) suivi d'un chant à la louange d'Allah. Tout le monde se congratule; mais, légalement, le jeûne commencera à l'aube.

En effet, le lendemain matin, vers 3 heures, au moment où le muezzin invite les fidèles à la première prière, un coup de canon les informe que le Ramadhan est commencé. Tout bon musulman doit donc se priver de toute espèce de nourriture (d'aucuns s'abstiennent même de boire de l'eau), jusqu'au coucher du soleil.

L'épreuve me paraît très dure sous un climat

si terrible, mais les Arabes la supportent avec beaucoup de résignation.

Au coucher du soleil, un nouveau coup de canon annonce à la population que le jeûne est rompu; les agapes commencent alors et durent, somme toute, jusqu'à 3 heures de relevée.

Pendant ce temps, toutes les affaires courantes sont en suspens. Le Caïmakan, fatigué, trouve des échappatoires pour ne pas les solutionner. Force est donc de s'incliner devant la nécessité pendant un mois.

Le Ramadhan terminé, c'est l'Aïd el Kébir, ou fête du mouton, qui clôt ce mois d'épreuve à la grande joie de la population.

Un matin, cependant, une nouvelle désagréable parvient au Consulat. Les Bédouins, mécontents des autorités de la Mecque, se sont révoltés; après avoir pillé une caravane entre la Mecque et Djeddah, ils marchent sur cette dernière ville et songent à la mettre à sac, comme ils le firent quelques années auparavant.

Et cependant, cette révolte est toute naturelle. Pour sauvegarder les caravanes qui circulent dans le désert sillonné par de nombreuses tribus bédouines, le Gouvernement ottoman, pour obtenir leur neutralité, s'est engagé à leur faire parvenir, chaque année, une somme d'argent, du blé et de l'orge. En cours de route, une bonne partie de l'argent s'est volatilisée et c'est à peine si un cinquième des céréales envoyées parviennent aux Bédouins; leurs réclamations étant inutiles, ils se révoltent, pillent les caravanes et cherchent à saccager la Mecque ou Djeddah, pleines d'approvisionnements.

Les murs de la ville n'offrent pas de résistance; mais, il y a une petite garnison, avec quelques pièces d'artillerie, une section de gendarmerie et des troupes d'infanterie de marine; le Caïmakan ne doute pas du succès, mais, mon chef, malgré toutes ces assurances, repose à côté de ses panoplies. Précautions superflues ! En cas d'insuccès des troupes turques, la retraite par mer nous serait coupée, le câble nous reliant à Souakim et immergé à quelques centaines de mètres de la ville, serait sectionné, comme cela est arrivé déjà et le Consulat incendié, flambant comme une torche sous ce ciel de feu, serait réduit en cendres en un instant.

Les Bédouins, après plusieurs jours d'escarmouches, furent repoussés et l'alerte cessa.

Sur ces entrefaites, le *Protet,* croiseur de troisième classe, appelé par le Consul, fit son apparition; ce fut avec joie, que nous vîmes nos couleurs claquer au vent; des visites furent échangées avec les autorités civiles et navales et le canon ne cessa de tonner pendant toute une journée.

Les Bédouins ayant fui, repoussés et battus par les Turcs, la présence du croiseur était inutile. Le surlendemain, le *Protet,* après avoir salué la terre, se mit en route pour gagner sa base dans l'Océan Indien.

Nous sommes en plein été et la chaleur est devenue étouffante; à part les promenades faites au coucher du soleil sur le bord de la mer, rien ne nous incite plus à la joie; c'est la lutte constante de l'homme contre le climat implacable. Seul, je me livre à des randonnées quotidiennes en mer, où je trouve une légère brise; je sors, ainsi, de la fournaise. Quelquefois, un navire en partance me remorque jusqu'à 20 milles en mer et je regagne ensuite Djeddah, dont la situation est toujours repérée par un nuage énorme de vapeur.

Aujourd'hui, le Consul d'Angleterre nous a invités à son five o'clock. M. Wood est un charmant homme; il est l'affabilité même. Pour distraire ses hôtes, il a fait mander un psylle indien, de passage à Djeddah.

Toute la petite colonie est réunie au jardin et le psylle, accroupi sur ses talons, a pris son tambourin; il récite une invocation qu'il accompagne en sourdine. Au préalable, il s'est débarrassé de deux sacs et d'une petite musette qu'il a déposés à terre.

Tout d'abord, il tire du premier sac deux vipères à lunettes (la vipère naja de l'Inde). Elles paraissent engourdies; mais, au son de sa flûte, elles se redressent, leur cou se gonfle démesurément, elles se balancent et semblent goûter fort la mélodie.

Le psylle en remet une dans le sac et va nous faire assister au combat de la seconde vipère avec une mangouste (sorte de belette de l'Inde, qui s'attaque aux vipères et les détruit).

La vipère est sur la défensive; la mangouste se précipite comme l'éclair et après plusieurs passes, saisit le cou de son ennemie.

On sent que la vipère ne saurait se débarrasser de l'assaillant; sur un signe, le combat est arrêté, et les adversaires réintégrés dans leurs sacs respectifs, aux applaudissements de l'assistance.

Voici la seconde partie du programme, plus attrayante encore.

Le psylle réclame une cuvette et de l'eau qu'un domestique apporte sur-le-champ. L'Indien tire de sa musette quatre petits canards blancs en faïence et les met à l'eau. Ces canards se mettent aussitôt à nager, à s'ébattre; on est à se demander s'ils ne vont pas prendre leur vol. Le psylle demande alors au Consul combien de fois veut-il que les canards se mettent à plonger. Le Consul ayant fixé le nombre de fois, le psylle fait résonner son tambourin et les canards plongent ensemble autant de fois qu'il leur a été indiqué. Nous restons indécis et stupéfaits.

Peu après, l'Indien prend une soucoupe qu'il remplit d'un peu de terre prise au hasard et y sème quelques petites graines en chantonnant; il s'accompagne ensuite avec le tamtam. Deux ou trois minutes se sont à peine écoulées, que les graines se mettent à germer; la petite plante pousse à vue d'œil. Mystère insondable qui nous laisse profondément rêveurs.

La séance se termine par une distribution de pourboires et nous remercions vivement le Consul de nous avoir fait passer une heure si agréable.

Le 14 Juillet est arrivé; il y a réception au Consulat, en grand uniforme, par 37° de chaleur humide.

Il est difficile de dépeindre notre situation, affublés de vêtements hyperboréens. Comme le protocole ne nous autorise pas à être entièrement vêtus de blanc pour les cérémonies, c'est à l'étuvée que la réception a lieu, au grand dam de mon chef qui est âgé et qui suffoque.

Dès qu'un visiteur est annoncé, je me précipite et l'aide à endosser, dans le salon même, son uniforme dont les ors rutilent et sur lequel brinqueballent de nombreuses décorations.

Chaque fois, des toasts, arrosés de champagne, sont portés; sous cette latitude, la bouteille détone à l'instar d'un mortier et l'ingestion du liquide ajoute encore à nos souffrances. Enfin, la cérémonie est terminée, et c'est avec une joie ineffable que nous retrouvons nos humbles pyjamas.

Le soir, le Consulat est éclairé à giorno et la fête se poursuit jusqu'à une heure avancée de la nuit. Les navires français en rade ont arboré, le jour, le grand pavois, et le soir, des lumières multicolores clignotent dans leurs agrès. Malgré toutes ces fatigues, la fête nationale nous a procuré la joie de voir quelques Français réunis sur cette terre inhospitalière, et de boire à la grandeur de notre lointaine patrie.

Quelques jours après, un paquebot français est signalé; c'est le premier convoi de pélerins algériens qui arrive. Le bateau jette l'ancre et doit être arraisonné sur le champ, par le Service de Santé; le capitaine vient ensuite au Consulat faire viser ses papiers de bord et prendre les instructions du Consul, avant le débarquement de ses passagers au lazaret d'Abou-Saâd.

Le lecteur n'ignore pas que de violentes épidémies cholériques, provenant des Indes, ont souvent sévi en Arabie.

De là, les microbes, véhiculés par les pélerins, ont gagné l'Europe où la maladie s'est propagée avec intensité. Les grandes puissances adoptèrent, dès lors, de concert avec la Porte, un *modus vivendi* permettant d'enrayer le mal, grâce à des mesures sanitaires prises à l'embarquement et au débarquement des pélerins.

A cet effet, le Conseil sanitaire de Constantinople, sous le contrôle des grandes puissances, installa des lazarets où les pélerins musulmans venant de tous les points de l'Empire Turc, de la Perse, de l'Egypte, des Etats barbaresques, de l'Inde ou de Java, subiraient au préalable avant d'être débarqués à Djeddah, une quarantaine de dix jours.

Mesure éminemment efficace, qui a donné d'excellents résultats, et qui met l'Europe à l'abri du choléra et de la peste.

La Mer Rouge compte, en effet, trois Lazarets, très bien outillés; celui de l'îlot de Camaran, audessus d'Hodeïdah, celui d'Abou-Saâd, près Djeddah, et enfin, à Djebel-Tor, non loin de Suez.

Le lazaret de Camaran reçoit les pélerins venant de l'Inde et de Java; celui d'Abou-Saâd, situé dans l'îlot du même nom, à trois milles environ au sud de Djeddah, admet les pélerins provenant de l'Afrique du Nord et de la Turquie. L'îlot contient trois grandes constructions pouvant abriter plusieurs centaines de pélerins; plus tard, des appareils de désinfection y furent installés et des locaux spéciaux réservés aux femmes musulmanes.

Le lazaret de Djebel-Tor est destiné aux pélerins ou aux voyageurs, venant du sud, à destination de l'Egypte.

Le pélerinage aux lieux saints de l'Islam, est une obligation absolue pour tout bon musulman, au moins une fois dans sa vie. Si, pour une cause majeure, il ne peut entreprendre le voyage, il peut faire le pélerinage par procuration, c'est l'omrà. Il charge un ami, à qui il délivre une certaine somme, de faire toutes les offrandes voulues, et d'accomplir par délégation tous les rites exigés par la loi religieuse.

Un certificat en bonne forme est délivré au mandataire par les autorités de la Mecque et de Médine.

Djeddah voit donc débarquer une foule innombrable de pélerins venant de toutes les parties du monde musulman. Bon nombre d'Arabes, de Persans et de Boukhariotes, traversent le désert et arrivent en caravanes à la Mecque et à Médine.

Une journée avant d'arriver sur le territoire du Hedjaz, le pélerin quitte ses vêtements et revêt l'hiram, avec lequel il va accomplir tous les rites. L'hiram se compose de deux pièces de cotonnade blanche; l'une serrée à la taille, descend aux genoux; l'autre, entoure le haut du corps en passant sous l'aisselle et un des pans est rejeté sur l'épaule gauche.

Il reste entendu que le pélerin est nu-pieds, nu-tête, et doit être d'une pureté morale parfaite.

Le Gouvernement français s'est préoccupé, à juste titre, du pélerinage de ses ressortissants algériens. J'ajouterai que les mesures prises par le Gouvernement de l'Algérie, sont des plus heureuses. Les pélerins d'un même district sont groupés sous l'autorité d'un Cheikh qui ne doit pas les perdre de vue pendant tout le voyage d'aller et de retour, et surtout à la Mecque; il est dépositaire de tous les passeports de son groupe et vient les faire viser au Consulat. Lui seul, en effet, renseigne le Consul sur l'absence ou la mort de ses compagnons. De plus, chaque pélerin doit être muni d'une certaine somme d'argent, avant de s'embarquer à Alger ou à Tunis.

Des vapeurs de nos Compagnies de navigation à Marseille, les prennent à Alger et dans divers ports de la côte, les conduisent à Djeddah et vont les attendre au port de Yambô, à leur retour de Médine.

Tout se passe dans les meilleures conditions; seulement les difficultés commencent pour eux, après avoir quitté Djeddah, car la route n'est pas sûre dans le désert; mais, nos Algériens, braves et intrépides, armés pour la plupart, ont toujours mis à mal les Bédouins pillards et ont semé la terreur au Hedjaz.

Aujourd'hui, le Mahmal égyptien a débarqué; il a à sa tête un général de division. Tout le monde a revêtu l'hiram; la compagnie d'infanterie qui l'accompagne défile, dans cette tenue, baïonnette au canon; il en est de même de l'artillerie et de la musique.

Les dix jours de quarantaine expirés, nos Algériens reviennent du Lazaret; leurs passeports ayant été visés, les uns louent des chameaux, les autres des ânes, quelques-uns même font la route à pied jusqu'à la Mecque, qui est à une distance de 78 kilomètres.

La vue de cette foule interminable de fantômes blancs qui se détachent dans la plaine, ce mélange hétéroclite de Javanais, d'Arabes, de Turcs, de Marocains et d'Indiens, plus ou moins armés, forment un tableau pittoresque et inquiétant à la fois. Porteurs de toutes sortes d'armes, exaltés par un fanatisme farouche, ils marchent allègrement vers la Caâba, en dépit d'une chaleur torride et de la mort qui les guette.

En effet, l'exploitation du pélerin commence à Djeddah pour la location des chameaux.

Le Valy et le grand Chérif de la Mecque ont déjà encaissé un pourcentage du Bédouin qui loue ses chameaux, lequel se trouve également harcelé à Djeddah.

Le Consulat est obligé d'intervenir quelquefois auprès des autorités pour mettre un frein aux exigences du Bédouin.

Arrivé à la Mecque, le pélerin est en butte aux tracasseries des propriétaires qui louent leurs appartements à un taux exorbitant. C'est à Mouna, c'est à Arâfat, c'est autour de la Caâba qu'il est pressuré. Heureux encore quand il a la vie sauve !

La route de la Mecque à Médine exige douze jours de caravane. Les Bédouins, intraitables, conduisent parfois la caravane en dehors des pistes où se trouve l'eau. Alors, les pélerins sont rançonnés, pillés et égorgés. Ces scènes sont fréquentes avec les Indiens et les Javanais qui sont d'un caractère timoré.

Les pélerins doivent ensuite aller faire leurs dévotions au tombeau du Prophète à Médine, qui est la dernière étape du pélerinage.

La Mecque, ville principale du Vilayet du Hedjaz, est la résidence du Gouverneur général turc et du Grand Chérif, descendant direct du Prophète.

Elle est située par 22° de Latitude Nord et 38° de Longitude Est, et bâtie dans un cirque de montagnes, qui se transforme en fournaise quand le simoun se met à souffler.

Cependant, cette résidence est préférable à Djeddah. En effet, non loin de la ville, se trouve sur les hauteurs, le village de Taïf, qui est une oasis de verdure.

La ville n'a de remarquable, d'après les dires que j'ai recueillis, que la grande Mosquée et la résidence du Grand Chérif, Aoun Pacha.

C'est là que naquit Mahomet. L'histoire dit que son enfance fut très précoce; il étonnait déjà par ses réparties et sa lucidité d'esprit. Son intelligence le mettait au-dessus de toutes les controverses. Il connaissait la philosophie, plusieurs fois millénaire des Brahmes et de Moïse. Il savait que le christianisme avait déjà fait un pas de géant; alors, il pensa qu'il pourrait, lui aussi, régénérer toutes ces races païennes adonnées à l'idôlatrie, les conduire à la prospérité et peut-être à la conquête du monde.

VUE DE LA MECQUE

Chassé de la Mecque, il s'enfuit à Médine; ce fut l'hégire (en 622 de notre ère), point de départ de la fondation de l'islam.

Les Juifs, qui voyaient en lui un adversaire redoutable, l'attaquèrent; ils furent battus à Kheïbar. Peu après, Mahomet s'empara de la Mecque et y résida définitivement jusqu'à sa mort.

Les idoles abattues servent encore, m'a-t-on affirmé, de marchepieds, pour franchir les portes de la mosquée.

Aux environs, les tombes d'Amina et de Khadidja, femmes du Prophète sont, paraît-il, des merveilles d'architecture.

Les territoires saints de la Mecque et de Médine, ayant été, de tous temps, interdits aux chrétiens, il est bien difficile d'en faire une description détaillée.

Les nombreuses et belles photographies que je possède de la Mecque et de ses environs, ont été prises par le Docteur Abd el Ghaffar, médecin à la Mecque. Né à Java, ce praticien devenu musulman habite la Mecque depuis fort longtemps et y a conquis droit de cité par les nombreux services rendus à la cause de l'Islam.

La ville de Médine (l'illuminée), est située par 24°5' de Latitude N., et 37° de Longitude E. Elle compte 50.000 âmes et est célèbre par le tombeau du Prophète.

Mahomet repose dans un angle de la mosquée, sous une magnifique coupole. En face de son tombeau est le jardin de la Purification.

Cette mosquée, d'une magnificence extrême, renferme un trésor inestimable de joyaux, de pierres précieuses que les différents Sultans de Constantinople, les Khédives d'Egypte, les Beys de Tunis et les Rajahs de l'Inde, ont offert en vue de l'embellissement du tombeau.

Cette ville prend, paraît-il, une animation extrême au moment du pélerinage et doit offrir un spectacle des plus pittoresque.

Des nouvelles nous parviennent de la Mecque, que le choléra a éclaté pendant la journée des sacrifices, à Mouna. Les pélerins fuient en hâte

ECQUE (TOMBEAUX DE LA FAMILLE DE MAHOMET)

et arrivent à Djeddah; beaucoup de nos Algériens sont morts. De nombreux cas de choléra sont signalés en ville; mais, grâce aux mesures prises par le Service de Santé, l'épidémie disparaît au bout de quelques jours.

Vers la fin de 1892, j'allais passer quelques jours au Caire, pour prendre un peu de repos.

Un paquebot du Lloyd autrichien me prit à son bord. Il serait difficile de décrire les délices éprouvés en abandonnant cette fournaise. La brise de la mer à une dizaine de milles de la côte, semble quelque souffle paradisiaque. C'est une allégresse générale et le lendemain, nous nous trouvons à Souakim, sur la côte d'Afrique. Cette ville, également exposée à toutes les ardeurs du simoun, n'offre de particulier que sa baie, infestée de requins dont les ébats, au clair de lune, sont une distraction pour les marins du bord.

Le paquebot ne devant pas faire escale à Suez, se dirige vers le Lazaret de Djebel-Tor où nous purgeons dix jours de quarantaine.

La vie du Lazaret est fort agréable; vivant sous la tente, les quelques Européens débarqués avec moi n'ont qu'à se louer du traitement.

Peu de jours après, je revoyais le Caire, encore plus embelli et je trouvais un accueil charmant auprès du Marquis de Reverseaux, notre Agent Diplomatique en Egypte.

Mon congé expiré, je m'empresse de regagner Djeddah.

Le chemin de fer du Caire à Suez, de date récente, offre le confort désirable, au milieu des solitudes désertiques qu'il traverse à partir de Zagazig. Là, le désert de sable fait son apparition et, dès le mois de Mars, le Khamsin qui souffle avec violence, rend le parcours intolérable. Les wagons s'emplissent d'une poussière impalpable et l'atmosphère est étouffante.

Je suis seul dans mon compartiment au départ du Caire, mais à Zagazig, deux anglais viennent s'installer bruyamment et, en une seconde, le wagon est encombré de colis; allongés sur les banquettes, sans aucun souci du voyageur qui est à côté d'eux, ils allument des pipes monumentales et entonnent le *God save the King*.

Cependant, le long de la voie, un Algérien, venant peut-être de Touggourt ou de Ouargla, se dirige à longues enjambées, vers Suez, en vue de faire le pélerinage aux lieux saints.

Quelques pélerins, en effet, ne veulent rien changer aux coutumes de leurs pères, et font la route de la Mecque à pied. Un jour, en 1893, on me signala qu'une cinquantaine de Sénégalais avaient débarqué, venant de Kosseïr, port égyptien de la Mer Rouge. Ils m'assurèrent qu'ils voyagaient depuis cinq ans pour arriver à la Mecque. Partis au nombre de 500 du Sénégal, ils avaient traversé le Sahara de l'Ouest à l'Est. La soif, la fièvre, les Touaregs, les avaient décimés. Cette année-là, le choléra sévit avec une grande intensité au Hedjaz; je doute qu'un seul ait pu regagner la terre natale.

Le train traverse les ruines du village de Tell el Kébir. Les murailles lézardées, crevées par les obus et la mitraille, rappellent au passant le combat qui se livra dans ses murs entre les soldats anglais et les troupes d'Arabi Pacha révolté.

J'arrive à Suez, et je prends passage à bord du *Kahira*, de la Compagnie Khédivié, qui part pour Djeddah, ayant à bord un nombre considérable de pélerins. C'est avec de grandes difficultés que je trouve une place; le navire est, en effet, encombré. Réglementairement, il ne doit emporter que 750 pélerins; mais, il en a 1.200 à bord. Les chaloupes sont pleines, il y a des pélerins autour de la cheminée. Le gaillard d'arrière est réservé aux harems. Dès que les passagers se portent sur un côté, le navire donne une bande fâcheuse. Malgré tout, on lève l'ancre et le *Kahira* se dirige vers Yambo, où, le surlendemain, il faisait escale.

La ville de Yambo, qui est le port de Médine, est située à environ 250 kilomètres au nord de Djeddah. A l'époque du pélerinage, tous les habitants qui séjournent ordinairement dans la montagne descendent vers la mer, pour offrir leurs services aux pélerins. Il s'y fait un grand commerce de dattes.

Je m'empresse de débarquer et de visiter ce coin malodorant, où les bazars sont obscurcis par des nuées de mouches. Mes vêtements blancs, mon casque, attirent les regards des bédouins qui paraissent médusés. Leur œil a la férocité et la fixité de celui du faucon. Ils me dévisagent et cherchent en moi des attributs qu'ils ne peuvent découvrir. Ne leur a-t-on pas dit, en effet, que l'Européen, le Nousrani, a les pieds fourchus et des rudiments de corne, tel le Cheïtan (le diable) ? Leur stupéfaction est grande; deux Bédouins, les plus rapprochés de moi, s'interrogent du regard, et l'un dit à son interlocuteur : « Dammo halal ! » (en arabe : Son sang est licite).

Ils sont armés jusqu'aux dents; chacun a des poignards, des pistolets, un fusil Martini et deux courtes lances à la main. La loi religieuse ne leur assure-t-elle pas le paradis pour prix de la vie d'un chrétien ? A ce moment, j'adresse la parole, en arabe, à un marchand de dattes. Les Bédouins se détournent alors.

Heureux, le voyageur qui, ne connaissant pas l'arabe, ne peut savourer toutes les réflexions émises devant lui par l'indigène.

L'attitude des Bédouins est compréhensible à l'endroit des Européens; et comme je l'ai déjà dit, le territoire du Hedjaz, étant interdit à ceux-ci, à part les villes de Djeddah et Yambô, fort peu se sont risqués dans ces parages. Cependant Burckardt est, de tous les Européens, celui qui a donné de la Mecque la description la plus sérieuse. Connaissant la langue arabe, poussé par un désir ardent de connaître ce territoire jusque-là inviolé, il se mêla à un groupe de pélerins qui se rendait à la Mecque. A cette époque, c'est-à-dire dans les débuts du siècle dernier, aucune entrave n'existait par la voie de terre ou au débarcadère. Depuis l'occupation ottomane, ce serait folie de se lancer dans une pareille expédition.

Après lui, ce fut le Docteur Huber, que le goût des aventures et les recherches scientifiques,

MÉDINE (TOMBEAU DE MAHOMET ET MOSQUÉE)

poussèrent au Hedjaz. Le Docteur Huber avait le teint bronzé et le faciès du Bédouin. Parlant l'arabe couramment, il parcourut le Hedjaz avec un guide qui devinait en lui le giaour, car, le bon musulman ne saurait s'occuper de la recherche des pierres tumulaires et du déchiffrement de leurs inscriptions. Ce fut ce qui perdit le Docteur. De retour à Djeddah, Huber descendit au Consulat, et, par hasard, la gérance du poste lui fut momentanément confiée. Ayant accepté, il apparut aux yeux des autorités que le Docteur était chrétien. Je dois ajouter que, quelque temps auparavant, il avait cherché à pénétrer à la Mecque, mais en avait été évincé.

Dans une de ses expéditions non loin de Yambô, à la recherche d'une stèle qui contenait une inscription hymiarite, il fut lâchement assassiné par son guide. Ses restes pieusement recueillis reposent actuellement au cimetière de Djeddah, sous un cénotaphe que le Gouvernement français fit élever à la mémoire de cet infatigable pionnier de la science.

Le Consulat fit peu après rechercher la stèle et la fit parvenir au musée du Louvre.

En 1895, un Français devenu, paraît-il, musulman, osa se risquer malgré ces précédents. Les quelques heures tragiques qu'il passa à la Mecque, car il était soupçonné d'espionnage par les autorités turques, ne lui permirent pas de recueillir les fruits de sa tentative.

D'ailleurs, des mesures sévères seront prises à l'avenir pour que de pareils exploits, inutiles à tous égards, ne se renouvellent plus.

Cette année, le pélerinage n'offre rien de particulier; peu après, mon chef part en congé et je prends la gérance du Consulat.

Les Bédouins se sont soulevés de nouveau; décidés à saccager Djeddah, ils s'avancent sous les murs de la ville. Toutes les maisons sont fermées et les magasins sont barricadés; les Grecs, toujours courageux sont prêts à la lutte. Un combat sanglant eut lieu, au petit jour; les Bédouins, décimés par l'artillerie turque, laissèrent bon nombre des leurs sur le terrain. Le lendemain, le Gouverneur me fait appeler, me réservant une surprise. En effet, sur la petite place qui précède le jardin du Conaq, des soldats en armes me rendent les honneurs; je passe alors devant une trentaine de piques, plantées en terre, au bout desquelles rôtissent au soleil les têtes fraîchement coupées des bédouins rebelles. D'autres têtes sont appendues à des crocs aux portes de la ville et de plus, quelques sacs remplis de têtes ont été envoyés à la Mecque.

Je félicite le Gouverneur de la promptitude qu'il a mise à régler l'incident, et lui fais part du soulagement apporté en ville par la victoire des troupes turques.

Sur ces entrefaites, mon chef ayant été nommé Consul à Zanzibar, le poste de Djeddah reçoit un nouveau titulaire.

Le pélerinage de 1893 fut particulièrement émouvant. Le choléra se déclara, en effet, à la Mecque, d'une façon foudroyante. Cette année voyait, en effet, un afflux considérable de pélerins, car la fête devait avoir lieu un Vendredi, chose assez rare dans la succession des pélerinages. 13.000 pélerins algériens avaient débarqué. Le port de Djeddah, qui renfermait 40 navires ayant transporté des pélerins, présentait une animation intense. Des fêtes furent données à bord; il y eut même des régates. On peut affirmer que les trois quarts des pélerins périrent, cette année, du choléra. A Djeddah, la mortalité fut énorme; dans une période de deux jours, 2.000 personnes, moururent; les caravanes, fuyant l'intérieur, étaient attendues à la porte de la Mecque. Bien rare était le palanquin qui ne contînt pas deux morts ou un mourant.

Bref, la terreur régna en ville, et de plus, la chaleur était étouffante. Les cris des femmes arabes, les hurlements des chiens formaient, la nuit, un concert dont rien ne saurait donner une idée.

Mon chef quitte définitivement Djeddah, et je reprends à nouveau la gérance du Consulat, qui se passe pour moi sans incident.

Vers la fin de l'année, un nouveau Consul ayant

pris la direction du poste, et me sentant très fatigué, je demande un congé pour l'Europe.

Les quelques mois passés en France me remettent de toutes mes fatigues et je songe à rejoindre Djeddah.

Pour celui qui a vécu longtemps en Orient, qui s'est assimilé la langue et les coutumes, pour celui-là, dis-je, l'étrangeté de cette existence, le kaléïdoscope infini qui se déroule, à chaque instant, devant lui, le coloris extraordinaire qui enveloppe les hommes et les choses, sont une fascination irrésistible, une attirance invincible; et malgré moi, je subis toutes ces influences.

Quelque temps avant mon départ, je trouve à Bordeaux notre Ambassadeur à Madrid, M. le Marquis de Reverseaux. Apprenant que je retournais dans ces régions inhospitalières, il me conseilla de réfléchir et de ne pas tenter le diable.

Paroles profondément sages que j'aurais dû méditer.

Tout bien considéré, l'homme n'échappe pas aux évènements et me voici sur la voie du retour. A Suez, je prends place à bord d'un paquebot hollandais, en route pour Java, faisant escale à Djeddah.

Tout est parfait à bord; car, à un menu succulent, viennent se joindre les meilleurs crûs du Médoc.

A partir de Suez, les passagères s'affublent du sarong javanais.

Cette pièce d'étoffe à ramages, serrée à la taille, leur donne un cachet d'exotisme qui leur sied à ravir. Sur le pont, la brise malicieuse ne respecte pas les nudités dignes d'un Van Dyck ou d'un Rubens.

Après une heureuse traversée, le paquebot jette l'ancre en rade de Djeddah et me voici de nouveau jeté dans la fournaise, Al' Allah ! dit le musulman; formule que je répète au débarcadère.

Un mois après mon arrivée, eut lieu l'attentat dont fut victime le corps consulaire. Peu s'en fallut que mes os n'aient blanchi sur la terre des infidèles.

Comme je l'ai déjà exposé, dans un chapitre

LA MECQUE (PRIÈRE AUTOUR DE LA CAABA)

précédent, le Conseil sanitaire de Constantinople a pris des mesures radicales pour enrayer le choléra. Les lazarets d'Abou Saâd et de Camaran, sont pourvus d'appareils de désinfection perfectionnés; hommes et femmes doivent se plier à toutes les prescriptions.

Les musulmans, dès lors, ne purent envisager, sans frémir de colère, ces mesures prises envers les femmes, et pensèrent que les Consuls de Djeddah étaient les promoteurs de tous ces réglements restrictifs et vexatoires. Ils résolurent donc de s'en débarrasser en une seule fois.

De concert avec l'autorité turque, les Arabes résolurent alors de faire assassiner les représentants des puissances étrangères à Djeddah.

La fête du Baïram avait amené les autorités turques près du Gouverneur général à la Mecque; le calme semblait complet et rien ne s'était ébruité en ville.

Les Européens, insouciants comme à l'ordinaire, étaient loin de se douter du guet-apens qui se tramait. Leurs domestiques mêmes se seraient sûrement gardés de les avertir par crainte de représailles.

De tous temps à jamais, il en fut ainsi en Orient et en Extrême-Orient.

L'ignorance manifeste des étrangers à l'endroit des mœurs et coutumes des indigènes, l'indifférence absolue dans l'application de certaines mesures qui les peuvent blesser intimément, ont été la cause de terribles catastrophes.

En 1857, une révolte des cipayes, aux Indes, se déclare parce qu'on avait persuadé, d'un côté, aux musulmans, que la graisse de porc servait à la fabrication des douilles de cartouches, et de l'autre, aux Brahmanes, que la graisse de vache y était employée dans de fortes proportions. Or, le porc est un animal impur aux yeux des premiers, et la vache est un animal sacré aux yeux des seconds.

La domination anglaise faillit sombrer dans l'aventure, faute d'avoir tenu compte des impondérables.

D'ailleurs, rien ne saurait donner une idée de l'abîme infranchissable qui nous sépare de ces populations. Une crainte salutaire, la peur du châtiment, les tient pour un temps en respect; mais, c'est sous toutes les formes qu'apparaît l'horreur que leur inspire l'Européen et le mépris qu'ils lui portent. Tantôt, c'est pour la visite des mosquées, l'obligation de chausser des babouches pour ne pas souiller le parvis consacré du monument; tantôt, comme chez les Hindous et les Parsis, c'est l'abstention absolue d'accepter quoi que ce soit de l'Européen. En visite, l'indigène fait apporter par son domestique le breuvage qu'il prendra à votre santé et le houka qu'il fumera en votre honneur.

A Kerbela, non loin de Bagdad, cher aux Persans par les sépultures de Hassan et de Husseïn et qui est, en même temps, un centre de fanatisme, l'étranger ou le juif, passant dans les bazars, ne saurait toucher une pièce d'étoffe; sur-le-champ, il doit en faire l'acquisition, car son contact l'a souillée. La pièce de monnaie remise au marchand est soigneusement amenée dans un récipient où la souillure lui est enlevée.

La cruche où le chrétien a bu est immédiatement brisée en mille morceaux.

A Kerkouk, près de Mossoul, sur les confins de la Perse, malheur à l'étranger qui porte des parfums. C'est courir à la mort, que de circuler dans les rues en laissant après soi les délicieuses effluves du musc. La mère, dont l'enfant a respiré ces miasmes, court à la teinturerie et pour dissiper le mal, plonge son enfant dans les eaux immondes, aux relents innommables, des cuves du teinturier.

Les exemples sont sans nombre; les femmes musulmanes, annihilées par leur statut personnel, ne sauraient, en aucun cas, quitter le territoire musulman. Les Turcs envoyés en mission à l'étranger, ne pouvant pas emmener leur harem, peuvent épouser une chrétienne, car il y a des accommodements avec le Coran; mais, la réciproque n'est pas vraie. Un chrétien ne saurait épouser une musulmane, et comme l'abjuration est interdite dans l'Islam, ce serait, pour elle, encourir la peine de mort.

Tout est indifférent à ces populations. Le mot de civilisation est pour elles une abstraction complète; le fait d'habiter une ville, suivant l'affabulation arabe, semble concrétiser pour eux cette idée de civilisation, car en dehors des murs, c'est le désert, le bédouin, la barbarie. Elles se croient, alors les égales de l'Européen, mais ne lui refusent pas, au point de vue scientifique, des accointances avec le diable.

Cette répulsion innée des Orientaux à l'endroit de l'Européen et envers toutes les manifestations scientifiques, n'appartient pas exclusivement au musulman; le bouddhiste, le brahmane et le fétichiste, sont tout aussi hostiles. En effet, pour eux aussi, les démons vomissent la vapeur et la fumée, vrombissent dans les cylindres des locomotives et des paquebots, tourbillonnent dans ceux des automobiles et grondent dans les chaudières. Le diable en personne chevauche la bicyclette et par un miracle d'équilibre, roule à toute allure par monts et par vaux; un autre, tapi dans la chambre noire de l'appareil photographique, fixe désespérément le portrait sur la plaque sensible et enfin un djinn, aux ailes étendues, au ronflement infernal, supporte l'aéroplane et le conduit, sans effort, aux confins de l'horizon.

Que leur importe le chemin de fer, le télégraphe, le téléphone, la photographie? Ce sont autant de manifestations de l'esprit du mal. Demain, par hypothèse, l'Egypte, l'Inde, l'Algérie, se trouvent libérées. Six mois plus tard, tout ce qui comptait sur ces territoires en fait d'améliorations, d'installations pour leur plus grand bien, sera anéanti; les rails, tordus, brisés; les locomotives, ensevelies dans le sable ou rongées par la rouille; le télégraphe jeté à bas. Tout ce qui rappelait le roumi aura été pulvérisé, et l'Arabe ou l'Indien, reprenant sa course vagabonde, sera débarrassé de ce cauchemar centenaire qui l'aura effleuré dans le temps et dans l'espace. De Samarkand à Batavia, de Constantinople à Tanger, c'est le même regard, semblable à l'éclair d'un stylet, qui suit l'Européen, flânant insoucieusement dans les bazars ou errant dans le dédale de la Casbah.

Toutes ces considérations m'ont écarté de mon sujet, et j'ai hâte d'y ramener le lecteur.

Donc, le 30 Mai 1895, au soir, selon une ancienne habitude, je me trouvais devisant avec M. Braün, Consul de Russie, le Consul anglais, et le Docteur Abd el Razzak, Vice-Consul de S. M. Britannique, sur ce banc qui était notre point de réunion de chaque jour; là seulement, en dehors des murs de Djeddah, nous pouvions trouver l'air respirable. C'était l'heure indécise du crépuscule. Tout-à-coup, je vois arriver huit noirs, dispersés en éventail et dissimulant des armes; ils semblaient ainsi nous couper la retraite. Je fais un signe à mes collègues qui paraissent interdits; mais, comme derrière nous se trouve à quelques centaines de mètres un village noir, nous pensions qu'ils s'y rendent. Nous sommes sans armes; derrière nous est le désert et à droite la mer.

Les noirs sont sur nous en un instant et déchargent leurs longs fusils à bout portant. Chacun de nous fait un mouvement instinctif de salut; Abd el Razzak (qui était Indien musulman), se dresse et tombe foudroyé à mes pieds; le Consul anglais se penchant en avant, reçoit une balle dans le cou; le Consul russe, indécis, se voit les joues emportées, le palais fracassé; pour ma part, je me jette de côté, car deux canons de fusil sont braqués sur ma tête; une balle m'effleure, mais l'autre, par miracle, me perfore le nez, me déchire la joue gauche qui pend, d'une façon horrible, tenue par un lambeau de chair; la même balle, heurtant l'omoplate, me laboure l'épaule et ressort près de l'aisselle; de plus, l'os malaire soulevé par arrachement, baille et laisse à nu le maxillaire. Mon sang coule à flots; épuisé, je tombe auprès d'Abd el Razzak.

Quelques minutes après, revenu à moi, je me redresse. La nuit est venue et le silence est complet, car les noirs ont fui, leur forfait accompli. Près de moi, gît toujours inanimé le corps du

Vice-Consul anglais. Mes vêtements inondés de sang, la figure fracassée, ouverte, je regagne la ville en titubant et en soutenant de mes deux mains les chairs sanglantes qui me servent de masque. Plusieurs de mes doigts pénètrent facilement dans l'ouverture béante du nez.

Déjà, les coups de feu ont donné l'éveil. Cette fusillade insolite avait glacé d'effroi les Européens. L'alarme est donnée et on se précipite aux portes. C'est là que je suis trouvé haletant, incapable de prononcer une parole et sans forces; mes gens reculent d'effroi devant cette apparition sanglante.

Je suis immédiatement amené au Conak; les sentinelles indifférentes, ne se dérangent pas pour apporter l'eau qui leur est demandée.

Quelques instants après, porté au Consulat, j'y reçois aussitôt les premiers soins. Le médecin de la Quarantaine, après un diagnostic et un pansement rapides, ne voit pas de complications. En cette circonstance, les attentions et les soins de mon chef me furent d'un grand secours.

La nuit fut calme pour moi, bien qu'il y eût de l'effervescence en ville; les félins avaient, en effet, flairé le sang. Des patrouilles organisées autour des Consulats, ramenèrent la tranquillité et le lendemain, embarqué, avec mon collègue de Russie et le Docteur Axélos, sur la *Gallia* de la Compagnie Cyprien Fabre, nolisé par le Gouvernement français à notre intention, je gagnai l'hôpital de Suez.

Après cinq jours d'une navigation des plus pénibles, par vent contraire, le *Gallia* jette l'ancre en rade de Suez. L'office quarantenaire, malgré notre épuisement, ne songe qu'à la désinfection de nos vêtements. L'attente me fut pénible sous ce ciel de feu.

Trois heures après, mes vêtements revinrent transformés en layettes et mes souliers semblaient avoir appartenu à une poupée.

L'ironie me parut amère. Au débarcadère, les honneurs nous sont rendus. Un peloton de soldats égyptiens, baïonnette au canon, forme la haie; nous gagnons ainsi un train spécial, mis à notre disposition, qui nous transporte à l'hôpital français de Suez.

Là, les soins empressés qui me sont donnés par un médecin anglais, faisant l'intérim du médecin français de l'hôpital, les attentions de tous les instants qui me sont prodiguées par les Sœurs du Bon Pasteur, la quiétude d'esprit que je ressens, me sachant éloigné de l'enfer de Djeddah, ont raison de toutes les complications de mes blessures.

Le Consul de France à Suez, le Directeur de la Compagnie du Canal, bon nombre de membres de la Colonie française, viennent me témoigner journellement leur sympathies.

Quelques jours se sont écoulés; les chaleurs sèches de Suez apportent une grande amélioration à mes blessures, le Docteur autorise les sorties, et je respire avec délices les senteurs du jardin de l'hôpital.

En revenant des bords calcinés de la Mer Rouge, je me retrouve dans une oasis; tous les matins, je vois un petit compagnon: c'est un caméléon, tout vert. Allongé sur une branche, il prend les mouches à la glu, en étendant et remuant sa langue rose, et regarde en clignotant de ses yeux ronds et moussus, cette momie étendue au-dessous de lui.

Mais, la cloche retentit, c'est l'heure de la messe; voici le Père Placide, Supérieur des Pères de Terre-Sainte, qui vient à moi la main tendue. C'est Georenflot revenu sur la terre. D'assez haute stature, portant lunettes sur une face rubiconde, la barbe rousse en éventail, puissant et ventru, le Père Placide porte allègrement la robe de bure.

Déformée par la rotondité du moine, elle descend à peine au-dessous des genoux et laisse voir ses jambes poilues, ses pieds énormes que chaussent de plus énormes sandales. La cordelière qui l'enserre et à laquelle est fixé un long chapelet, lui passe à peu près sous l'aisselle.

J'aimerais lui voir au côté une longue rapière. Le Père Placide est Bavarois et a fait la campagne de 1870; tout en louant la valeur et l'entrain des troupes françaises, il entonne plusieurs bocks de bière. A lui, le lait le plus pur du couvent, à lui, le tonnelet de bière, toujours fraîche, et dont la réserve lui est assurée !!

Un mois après, mes forces étant revenues, je m'embarque sur le *Calédonien*, des Messageries Maritimes viâ Marseille.

Le paquebot revient de Madagascar, encombré de blessés français. Il franchit le Canal de Suez sans incident et poursuit sa route, baigné dans cette lumière éblouissante que reverbèrent les sables des deux rives. Le bleu des Lacs Amers et l'azur du ciel se confondent et contrastent vivement avec la blancheur du désert.

Le *Calédonien* s'arrête à Port-Saïd, pour embarquer du charbon. Il est immédiatement envahi par les mercantis arabes et juifs. Les petits arabes plongent à l'envi, demandant : « bakhchich » (pourboire) ; une piastre leur est jetée et descend en miroitant .Les plongeurs se mettent aussitôt à sa poursuite. Les rayons visuels leur font subir une horrible déformation, car ils ressemblent à de monstrueuses grenouilles. C'est en se jouant, qu'ils passent sous la quille du paquebot et émergent de l'autre bord.

Le *Calédonien* lève l'ancre et quatre jours après, j'aborde sur les rives de notre doux pays, avec un congé de six mois de convalescence.

Sur ces entrefaites, je suis reçu en audience par M. Hanotaux, Ministre des Affaires Etrangères. L'accueil est toujours cordial au quai d'Orsay et bien que l'histoire soit ennuyeuse, le Ministre a pour moi des mots aimables ; ce fut, d'ailleurs, la seule récompense que j'obtins du Gouvernement français, en cette occurrence.

C'est l'époque, où la consigne est : « pas d'histoires ! » C'est le *vade mecum* de l'agent qui entre en fonctions à l'étranger. Cependant, il n'est pas possible d'étouffer cet incident, car, il y a plusieurs victimes.

D'un autre côté, le Gouvernement ne veut pas exercer une trop grande pression sur nos bons amis, les Turcs.

La France renie une fois de plus les traditions chevaleresques de sa politique. On laisse fusiller l'Agent de la République, sans exercer de représailles; aussi, les Turcs firent des gorges chaudes de nos molles protestations. Ils s'en tirèrent à bon compte, en payant une indemnité aux victimes.

Les meurtriers ne furent pas inquiétés et purent se promener, à loisir, dans les rues de Djeddah.

Dans ces conjectures, ne fallait-il pas une répression terrible ? Ne fallait-il pas faire comprendre aux Turcs et aux Arabes que la personne d'un giaour est sacrée, *a fortiori* celle d'un Consul de France ou de son représentant ?

En 1858, après la révolte des cipayes, dans l'Inde, les Arabes de Djeddah, dans une rage de fanatisme sadique, égorgèrent les Consuls de France, d'Angleterre et dix-huit membres de la Colonie grecque. Les Gouvernements anglais et français usèrent de représailles. La ville fut bombardée; bon nombre de fonctionnaires turcs eurent la tête tranchée et dix-huit nègres furent exécutés devant une compagnie de débarquement. De plus, le Gouvernement turc fut contraint de payer une grosse indemnité.

L'histoire contemporaine vit en 1830 le Gouvernement du Roi faire bombarder Alger et décider la conquête, parce que le Consul de France avait reçu un coup d'éventail du Dey d'Alger, un jour d'audience.

Cependant, je dois ajouter que plus tard, le Gouvernement de la République n'hésita pas à mobiliser l'escadre du Levant, pour recouvrer une créance à Constantinople, en faveur de deux de nos ressortissants levantins.

Je laisse au lecteur le soin d'apprécier et le prie de poursuivre avec moi ce voyage en Orient où d'autres tribulations m'attendent, mais auxquelles vont s'ajouter le charme incomparable de Stamboul, les couchers de soleil sur le Bosphore et la vision radieuse des pays du mirage et des Mille et une Nuits.

CHAPITRE VII

Sommaire : Nomination à Constantinople. — L'Ambassade de France. — Les Drogmans. — Les soirées. — Vues de Constantinople. — Le vieux sérail. — Yldiz Kiosk. — Les fêtes musulmanes. — Le Turc et les femmes turques. — Visite de l'Empereur d'Allemagne et du Roi de Bulgarie Ferdinand. — Le 14 Juillet à l'Ambassade. — Le Bosphore. Massacre des Arméniens. — Mission en Thessalie .— Volo. Les couvents. — Retour en France. — Les Dardanelles. Scyra. — Retour à l'Ambassade. — M. Constans. — Les Sélamlik. — Le feu — Les brigands. — Présentation des lettres de créance de l'Ambassadeur. — Retour à Paris. Départ pour Mossoul.

Dans les premiers jours de 1896, l'Orient-Express m'amène à Constantinople, où je suis appelé en qualité de Drogman de l'Ambassade.

Les trois jours de voyage qui séparent Paris de Constantinople, sont pour l'observateur un sujet d'études remarquables, tant au point de vue des paysages divers que la nature offre à ses yeux, que par la variété des territoires traversés et de leurs agglomérations.

Les quelques heures passées en Allemagne me la font voir militarisée à outrance; l'Autriche, beaucoup plus calme, sommeille sous les effluves qui lui viennent d'Orient. Après avoir dépassé les plaines de la Serbie, le train traverse les Balkans; le défilé de Dragoman est en ce moment rempli de neige, aussi une locomotive spéciale est attelée en tête du train et travaille furieusement à déblayer la route.

Le défilé franchi, la Bulgarie s'offre à nos regards; les Balkans brillent au loin et le soleil fait étinceler le dôme des églises.

Nous sommes arrivés aux frontières de la Turquic; de la portière de mon wagon, j'admire les lointains montagneux et les plaines verdoyantes qui s'étendent autour de Moustafa Pacha, première ville frontière.

Tout à coup, des chapeaux et des casquettes, violemment jetés du train, s'abattent devant moi dans la campagne. Un de mes compagnons de route dissipe ma stupéfaction et m'explique que des Turcs, de retour à Constantinople, se débarrassent, à la frontière, des insignes qui distinguent le giaour et s'empressent de coiffer le fez.

Après la visite minutieuse des passeports ? le train continue sa route faisant 20 kilomètres à l'heure. Parti de Paris à la vitesse du rapide, notre convoi n'est plus, en Autriche, qu'un express, et nous arrivons à Constantinople à l'allure d'un train de marchandises.

Le soir même, je me présente à M. Cambon, notre Ambassadeur à Constantinople. Quoique victime d'un accident, l'Ambassadeur a fort grand air; c'est le grand chef dans toute l'acception du terme et son accueil bienveillant est pour moi, d'un bon augure.

L'Ambassade de France à Constantinople est des plus importantes. A côté de l'Ambassadeur et du Conseiller, se trouvent plusieurs secrétaires, un attaché militaire et de nombreux Drogmans; puis viennent les officiers du stationnaire et le Consulat, à la tête duquel est M. Gazay, homme des plus affables et jurisconsulte distingué.

Bien que je sois encore dans une période de souffrance (car, ma blessure à la face est inguérissable), le plaisir de me trouver au milieu de fonctionnaires bienveillants me fait entrevoir des heures agréables, malgré les labeurs de ma fonction.

L'Ambassade occupe, en effet, six Drogmans. Le premier, M. Rouet, qui est le bras droit de l'Ambassadeur, l'accompagne dans ses visites au Sultan et transmet aux Ministres les desiderata du représentant de la France, en matière politique. Le second, M. Outrey, traite des questions d'ordre divers, politiques et économiques en même temps.

Le troisième, M. Huart, orientaliste distingué, s'occupe de la traduction de tous les documents en langue arabe ou turque, transmis à l'Ambassade. Le quatrième est chargé de la presse indigène et d'autres questions de détail qui regardent l'Ambassade en général. Pour ma part, je siège, par délégation de l'Ambassadeur, auprès des Présidents des Tribunaux de Commerce et Maritime, ainsi que des Tribunaux civils de Péra, Stamboul et Scutari, ma signature donnant force de loi pour l'exécution des jugements rendus par ces tribunaux, dans les litiges entre Français et Ottomans.

Enfin, au dernier Drogman, sont dévolus les Tribunaux correctionnels et les affaires de simple police.

La présence d'un fonctionnaire français assistant aux diverses phases de la procédure suivie par les tribunaux ottomans, découle d'un modus vivendi, adopté par les grandes puissances dans leurs relations avec la Porte, qui porte le nom de Capitulations.

Ce furent d'abord des concessions gracieuses, faites par les Sultans aux chrétiens habitant le territoire turc; la première date de 1535, et fut accordée par Soliman le Magnifique à François Ier. Le traité de commerce franco-turc de 1861 confirma et réunit en bloc toutes ces concessions.

C'est grâce aux Capitulations, que les Européens, résidant en Turquie, peuvent trouver la sécurité désirable, aussi bien pour leurs personnes que pour leurs établissements industriels ou commerciaux. L'arbitraire et la violence étant la règle dominante en Turquie, nos nationaux, dispersés quelquefois dans des parties retirées de l'Empire, seraient, sans elles, exposés aux pires vexations; à mon sens, l'abrogation des Capitulations entraînerait pour eux, la ruine complète et marquerait l'instant décisif pour l'évacuation du territoire.

J'ajoute que la solution de tous ces conflits, dans lesquels sont intéressés des sujets français, regarde particulièrement le Consul de France qui doit en être immédiatement informé.

Cependant, à peine entré en fonctions, je sens

une résistance générale dans le fonctionnement des Tribunaux; les Présidents sont d'une arrogance excessive. Quelques mois après, je me vois obligé de rompre les relations avec un Président de Tribunal civil qui manque de courtoisie; malgré ses doléances, l'Ambassadeur, mis au courant de la situation, exige des excuses.

Même résistance pour l'exécution des jugements; de part et d'autre, les conflits s'aggravent et je ne sais à quoi attribuer ce revirement.

La suite des évènements devait confirmer mes soupçons.

L'Ambassade de France est construite sur les hauteurs de Péra; c'est un fort bel immeuble, de décoration sobre et majestueuse. L'intérieur en est luxueux; les salons de réceptions sont vastes et quelques-uns, décorés de splendides Gobelins.

Les quelques soirées qui y ont été données par M. Cambon, m'ont laissé un excellent souvenir. Leur ordonnance fut tout à l'honneur de l'Ambassadeur, dont la sûreté de goût et le charme faisaient les délices des invités.

Les soirées musicales y ont un succès énorme; le Corps diplomatique est au complet. Les Ambassadrices, les femmes des Ministres étrangers, les Consuls et les représentants principaux de la Colonie française forment un groupe charmant; la lueur délicate des lustres fait scintiller les pierres précieuses et étinceler l'or des uniformes. La note gaie n'y manque pas; quelques Ministres et Aides-de-camp du Sultan se trouvent là, décontenancés, au milieu de tous ces Nazaréens. Peu leur importe, il y a toujours quelque chose à glaner et à rapporter au Palais.

Entre temps, je parcours la ville, en curieux: L'Orient m'est familier; cependant, Constantinople a un attrait particulier et puissant. C'est, en somme, la résidence du Commandeur des Croyants, de l'ombre de Dieu sur la terre.

Le panorama de Constantinople, est, en effet, sublime pour le voyageur qui arrive par mer. Les murailles de Stamboul, le Vieux Sérail, les faubourgs de Scutari, sur la côte d'Asie, la Corne d'Or, une échappée sur le Bosphore, des coupoles sans nombre et des minarets élancés tout cela poudroyant dans la lumière du soleil levant ou noyé dans une auréole mauve et or, au coucher du soleil, tout cela, dis-je, forme un tableau féérique que l'observateur ne se lasse pas de contempler.

La visite du Bosphore, sur un des bateaux de la Compagnie Mahsoussé, qui vont en zigzaguant d'une rive à l'autre, est des plus attrayantes.

Le rivage est bordé de part et d'autre de vieilles maisons turques, qui semblent se mirer dans les flots du Bosphore.

Des palais somptueux s'y profilent; c'est Beyler bey, construit par Abdul-Aziz, d'un coup de baguette magique, pour recevoir l'Impératrice Eugénie; c'est Dolma Baghtché et la résidence splendide d'Abdul Hamid, Yldiz Kiosk. C'est Bébek, aux platanes centenaires, c'est Rouméli Hissar, d'où Méhemet le Conquérant fit glisser sa flotille jusque dans la Corne d'Or; c'est Yeni Keni, Thérapia, où se trouve le palais d'été de l'Ambassadeur de France; puis Beïkos, Buyuk Déré, Kavak, villages enfouis dans la verdure et que vient rafraîchir en été la brise venue de la Mer Noire.

Près de Buyuk Déré, se trouve une plaine verdoyante, qu'arrose un frais ruisseau; sur ses bords, existe un chêne, plusieurs fois centenaire. Son tronc rugueux, énorme, a résisté à toutes les tempêtes qui soufflent de la Mer Noire. La légende veut que dans cette plaine, les Croisés aient campé, conduits par Godefroy de Bouillon, et que le preux chevalier se soit reposé à l'ombre de ce chêne. Cette légende m'est douce et je viens souvent méditer sous cet arbre qui a, peut-être, vu frissonner les oriflammes, entendu le cliquetis des armes et le hennissement des palefrois.

Quelque autre fois, je vais en excursion à Prinkipo, station estivale de la colonie grecque de Péra; là, on retrouve dans des chalets somptueux, au milieu de forêts de pins majestueuses, les principaux financiers et négociants du Phanar, les Arméniens influents; les fonctionnaires turcs subissent également la mode et se pavanent sur cette plage ensoleillée. Tantôt, je me transporte aux Eaux douces d'Asie où s'entrevoient les plus jolis spécimens de la race turque, se complaisant dans une douce rêverie au bord de l'eau, tandis que de somptueux caïques emmènent des péris, dont les grands yeux noirs veloutés et le teint mat sont rehaussés par la trame irréelle du yachmak (1).

Les Eaux douces d'Europe sont également une des grandes attractions de Constantinople en été. C'est un défilé ininterrompu de voitures dévalant les pentes de Chichli, pour aller, dans un nuage de poussière, goûter quelques instants de fraîcheur sous les frondaisons des platanes.

Dois-je énumérer au lecteur les merveilleuses mosquées telles que Sainte-Sophie, Eyoub, Sultan Sélim, Hamidié ? Stamboul et ses bazars, ses vieilles murailles en ruines qui sont sa parure ? L'At Meïdan, la Colonne de Justinien, relique de Byzance ? Lui décrirai-je la tour de Galata, et ces vieilles maisons gênoises, aux fines arcatures ? Les faubourgs de Scutari, du Phanar, d'Eyoub où l'Européen ne saurait se promener seul sans danger, et que des plumes autorisées ont décrits avec tant de minutie ?

Le faubourg de Galata, qui est à l'entrée du Bosphore, est la cité marchande. L'animation y est intense ; les grandes Compagnies de Navigation française, russe, italienne, grecque, autrichienne y font escale. Toutes les races, toutes les confessions s'y confondent et s'y coudoient, dans le même appétit de lucre; seul, le Turc y égrène son chapelet.

Constantinople est, en effet, une ville cosmopolite. A côté de la population turque, se trouvent des Persans, des Grecs, des Arméniens et des Juifs. Ces trois dernières catégories détiennent le commerce et la finance. Intelligents, souples, retors et insinuants, ils savent capter la confiance du Turc qui, dans son inaptitude générale, remet en leurs mains la direction de nombreuses affaires. On voit

---

(1) Yachmak, voile en mousseline dont se servent les dames turques pour se cacher le visage.

des Grecs et des Arméniens au sommet de la hiérarchie; les meilleurs diplomates de l'Empire sont Arméniens. Le Turc, n'étant pas ingénieur, financier, commerçant ou marin, se repose sur eux dans toutes ses négociations.

La religion, les mœurs et les coutumes sont, en effet, pour l'Osmanli un vice rédhibitoire. Ainsi donc, pas d'ingénieurs en Turquie, puisqu'ils ne sauraient sonder la terre et en extraire les richesses qui sont le domaine de Dieu; pas de peintres ou de sculpteurs, puisqu'ils ne sauraient représenter l'être humain qui a été créé à l'image d'Allah; pas de médecins avérés, puisque le scalpel ne saurait fouiller le corps du musulman, à moins que les études ne se poursuivent sur le cadavre du giaour, abandonné à l'hôpital. Et comme il ne saurait y avoir de célibat dans l'Islam, le Turc, fiancé dès sa plus tendre enfance, à l'heure de la puberté, est happé par le harem; alors, ses fonctions sont des plus absorbantes et rien ne saurait plus le captiver. Seules, la carrière militaire et l'administration lui offrent une voie inespérée.

Cette infériorité permanente du Turc à côté de ses sujets, la haine invétérée, inextinguible, qu'il leur porte, le poussent quelquefois à ces explosions de fanatisme, à cette frénésie du meurtre qu'il n'assouvit que dans le sang; chez lui, comme chez l'Allemand, les mœurs ancestrales bouillonnent. Les malheureuses populations grecque et arménienne se trouvent ainsi décimées périodiquement, et n'était la terreur d'un bombardement, d'autres excès sont toujours à craindre en Syrie et en Palestine, où les chrétiens de toutes confessions se trouvent en nombre considérable.

C'est alors que le Turc débridé et altéré de sang se livre à tous les excès. Tout aussi raffiné que le Chinois, en fait de supplices, rien ne saurait le faire reculer, et les horreurs qui nous ont été rapportées pendant les massacres arméniens donnent une faible idée de la réalité. Le meurtre, le viol, l'incendie, l'écrasement contre la muraille du petit chrétien arraché au sein de sa mère, sont monnaie courante; peut-être même le pal dont le nom seul fait frissonner l'Arabe d'épouvante. Virtuose du yatagan, la fatigue seule arrête son bras et lorsque, harassé, las d'avoir tué, le Turc accroupi, le soir, sur son divan, suit la fumée de son narghileh, n'entrevoit-il pas dans les volutes violacées du tabac odorant, l'aurore du Paradis ? Ne lui semble-t-il pas (comme dans le verset d'une des plus belles sourates du Coran) : « être couché, face à « face, avec ses compagnons, sur un lit orné d'or « et de pierres précieuses, pendant que de jeunes « garçons, éternellement beaux, portant des aiguières « et des gobelets, lui servent un vin, coulant à « flots, qui ne saurait l'endolorir ou lui troubler « la raison, lui apportent des fruits exquis et la « chair des oiseaux les plus délicats ; et que des « houris, dont les yeux semblent des perles, ca- « chées, s'offrent à lui en récompense de ses tra- « vaux. Ses oreilles n'entendent plus alors de vains « discours ou des malédictions, mais seulement la « mélodie des mots : Paix ! Paix ! »

Que dois-je dire de la femme turque ? A part quelques personnes de qualité, qui ont reçu une instruction élevée, le reste croupit dans une ignorance profonde. La femme n'est rien, en effet, pour le musulman. Elevée dans le harem, d'une incapacité absolue, juridique et morale, la femme turque, qui ne saurait, en aucun cas, sortir des frontières de l'Empire, n'a aucune aspiration, aucun désir de savoir. Elle ne saurait être désenchantée. Evidemment, la plume du romancier se transforme en pinceau délicat quand il s'agit de donner une âme aux houris du Bosphore ; c'est un travers pardonnable.

Profondément fanatique, la femme turque n'a que des paroles haineuses à l'endroit du chrétien et, comme ses congénères arabes, persanes ou indiennes, elle est irréductible.

Les fonctionnaires turcs sont à l'avenant ; la gabegie, la concussion, sont en honneur ; l'espionnage, la diffamation, le pourboire sont institutions d'Etat. C'est Sodome, c'est Gomorrhe que l'aile d'Azraël, l'ange exterminateur, n'a point encore touchées.

A côté des nombreux idiomes employés à Constantinople, et qui en font une véritable tour de Babel, on aime entendre parler la langue turque; c'est un idiome agglutinant, d'origine ouralo-altaïque qui offre à l'étranger de grosses difficultés; cependant, sa douceur, ses intonations gracieuses dans la bouche des femmes, en font une langue orientale d'une suavité exceptionnelle.

Les grandes fêtes musulmanes ont eu lieu; le Ramazan, le Baïram se sont terminés dans la splendeur de ces belles nuits du Bosphore. Un soir, alors que le soleil couchant dorait les maisons de Scutari, j'ai pu voir, au ciel, un phénomène des plus rares, et qui ne se renouvelle que tous les dix-huit ans. C'était la conjonction de la Lune et de Vénus. Le croissant argenté de la nouvelle lune brillait dans le fond du ciel mauve; les pointes du croissant étaient dirigées vers le zénith et Vénus, radieuse et scintillante émergeait entre les deux pointes. Tableau stupéfiant qui plongea dans l'admiration tous les témoins du phénomène. C'est de là, en effet, que les Ottomans ont pris l'emblème de leur étendard.

La fête de Pâques a eu lieu chez nous, en grande cérémonie, à l'église du Saint-Esprit, où le Nonce du Pape officiait; spectacle toujours imposant, où la fille aînée de l'Eglise, dans cette lutte séculaire de la Croix contre le Croissant, ne cesse d'affirmer les droits qu'elle revendique pour la chrétienté.

Douze jours plus tard, la Pâques grecque s'annonce par de véritables décharges d'artillerie et a lieu en grande pompe. Toutes ces journées et les nuits mêmes, la fusillade est incessante et les pétards ébranlent nos demeures.

Un matin, je suis réveillé par une seconde canonnade; mon domestique m'annonce qu'on échange des saluts avec un croiseur peint en blanc qui a jeté l'ancre dans le Bosphore. J'apprends, peu après, que c'est le yacht *Hohenzollern,* portant l'Empereur et l'Impératrice d'Allemagne, qui viennent faire visite à S. M. Abdul Hamid. Cette démarche me paraît suspecte, car, le Maître des deux Mondes ne saurait rendre sa visite à l'impérial giaour. Logés au palais de Yldiz, résidence du Sultan, les souverains ont été reçus avec les plus grands honneurs. Cependant, rien n'a transpiré de tous les conciliabules; car, tout le monde est muet au Sérail.

L'Empereur et l'Impératrice en se rendant à l'Ambassade d'Allemagne, sont passés devant moi; les équipages vont au pas, car, les curieux se pressent en foule. L'Impératrice, charmante, salue gracieusement à droite et à gauche et l'Empereur est rayonnant; cette visite, je vois, n'a pas coûté à son amour-propre.

Quoiqu'il en soit, après le départ de l'Empereur, tout rentre dans le calme habituel; seulement, l'arrogance des Turcs ne fait que croître. En ce qui me concerne, rien n'est possible au point de vue juridique. Mes démarches auprès du Ministre de la Justice sont vaines; toutes les affaires sont en suspens et il me semble qu'un mot d'ordre est donné.

Sur ces entrefaites, arrive la réception du 14 Juillet. L'Ambassadeur, entouré de son personnel, reçoit les compliments de la Colonie française. Le premier député de la Nation lit une adresse à l'Ambassadeur de France qui y répond par quelques mots de remercîments et d'encouragement à la Colonie. Le discours concis de M. Cambon est un modèle d'éloquence.

Aussitôt après, les habits se mêlent aux uniformes; on se congratule réciproquement. Une franche gaieté, qu'avive le pétillement du champagne, règne dans les salons de l'Ambassade et nous nous séparons tous, heureux d'avoir bu à la prospérité et à la gloire de notre patrie.

J'ajoute que la Colonie française de Constantinople, très nombreuse, est composée en majeure partie de commerçants et d'industriels. La Chambre de Commerce française voit ses membres groupés autour d'un Président des plus sympathiques et dont l'activité inlassable agit au mieux des intérêts de notre commerce. De plus, l'Union française, vaste local, aménagé en salle de bal, de réunion, possédant un restaurant et un café, réunit chaque soir de nombreux Français, satisfaits de se retrouver en commun sur cette terre inhospitalière.

L'été est venu à Constantinople; la chaleur en est supportable, car elle est tempérée par le courant d'air frais qui souffle, en cette saison, dans le Bosphore. L'Ambassadeur a gagné son palais d'été à Thérapia. Cette résidence qui appartint au Prince Ypsilanti, un des aides-de-camp du Sultan Abdul Aziz, est de construction turque, très vaste, ayant un magnifique parc dominant le Bosphore. Le Sultan en fit un don gracieux au Gouvernement français.

Le séjour de Thérapia est fort agréable; le site est charmant et les promenades en caïque sur le Bosphore sont une des distractions favorites de l'endroit. Le caïque, embarcation assez étroite, aux bouts effilés et relevés, est très rapide; son bel aspect est rehaussé par la tenue coquette des rameurs.

L'Ambassade de France possède un caïque à douze paires de rames, dont la poupe, élégamment surélevée, est recouverte d'ornements et de dorures; il est très regrettable que cette embarcation toute royale ne soit pas utilisée et subisse les rigueurs de l'abandon et de l'humidité.

Par une de ces journées calmes du mois d'Août, où il semble que la nature plonge dans une douce torpeur les hommes et les choses, une immense clameur s'élève en ville, accompagnée d'une terrible fusillade. Je me précipite et me hâte vers l'Ambassade; un des janissaires m'apprend que des rebelles arméniens ont tenté de s'emparer de la Banque Ottomane, que des bombes ont été lancées et que le massacre des Arméniens a commencé. Je me dirige, alors, vers Galata; non loin de la Banque, un combat terrible est engagé dans la rue et des flots de sang coulent en ruisseaux. De nombreux cadavres de soldats, de policiers turcs et d'Arméniens gisent çà et là. Mais les rues sont barrées et il m'est impossible d'avancer. On m'informe que la police, armée de gourdins, et l'infanterie, venant à la rescousse, accompagnées de quelques Turcs de bonne volonté, se sont dirigées vers le quartier arménien et que le massacre se poursuit impitoyablement. Les Arméniens fuient de tous côtés, et se réfugient chez les citoyens français, qui leur donnent l'hospitalité.

Dans la rue de Péra, tous les magasins sont fermés et la troupe tire sur tout ce qui paraît suspect. Des bombes sont lancées sur la Préfecture de police.

Peu après, sur l'ordre de l'Ambassadeur, je me rends auprès du Préfet de police. L'escalier qui conduit à son cabinet est maculé de flaques de sang, car tous ceux qui sont conduits dans les prisons sont exécutés sur-le-champ. Je suis introduit chez ce fonctionnaire; pâle, décomposé, il me montre un éclat de bombe qui vient de l'effleurer. Sous l'impression d'une colère contenue, il hache son discours et me promet que les Arméniens réfugiés chez des sujets français seront embarqués, avec le concours de la police, à destination de la France.

Le massacre se poursuit au cours de la journée et pendant la nuit; le lendemain matin, le faubourg de Pancaldi, où résident de nombreux Arméniens, est mis à feu et à sang.

On peut affirmer que dans cette seule matinée, les Turcs massacrèrent une douzaine de mille d'Arméniens.

La terreur règne en ville; accompagné d'un officier de police, je vais à la recherche des Arméniens réfugiés et bon nombre sont ainsi embarqués pour Marseille.

D'ailleurs, cette année-là, le massacre fut extrêmement violent dans la province d'Arménie; on évalue à 150.000 le nombre d'Arméniens exécutés et torturés.

Tout cela fut, en somme, perpétré pour la plus grande gloire du Prophète.

L'Europe s'émut à bon droit, mais le Sultan, fort de l'appui de son nouvel ami, l'Empereur allemand, n'en eut cure.

L'année précédente avait vu le conflit survenu entre la Turquie et la Grèce. Les Turcs ayant pénétré en Thessalie, s'y étaient installés. Après le traité de paix par lequel cette province devait être rétrocédée à la Grèce, nombre de Grecs qui, au moment de l'invasion, s'étaient réfugiés dans les îles environnantes, n'osaient pas réintégrer leurs foyers.

Le chargé d'affaires de l'Ambassade me fait appeler et me charge d'aller à Volo, informer les populations grecques réfugiées que les Ambassades concertées leur facilitent les moyens de rentrer dans leurs domiciles abandonnés.

En conséquence, en compagnie du Marquis Carlotti, secrétaire de l'Ambassade d'Italie et de M. Tcherbatsky, Drogman de l'Ambassade russe, je m'embarque à destination de Volo, à bord d'un petit vapeur d'une Compagnie grecque.

En Novembre, la Mer de Marmara et la Mer Egée sont démontées. Le petit navire est couvert par les vagues; la traversée est mouvementée, atroce; mais le calme imperturbable du capitaine ramène la tranquillité dans nos esprits. Le navire roule et tangue sans relâche, sa membrure exhale des plaintes inquiétantes, et pendant deux nuits et un jour qui me parurent la course à l'abîme, il fendit résolument de son étrave les flots de ces mers en furie.

Enfin, Volo est signalée; l'ancre est jetée à quelques encâblures du quai et nos tourments disparaissent.

Volo, une des villes principales de la Thessalie, est située au fond du golfe du même nom. De date récente, ses rues sont tracées au cordeau et forment un damier; les avenues parallèles à la baie, sont coupées à angle droit, par un nombre considérable de rues aboutissant à la mer. Des bourgades s'étagent sur les contreforts de la montagne qui enserre la ville. La plupart des maisons de campagne, construites en marbre blanc et encloses d'un jardin, sont d'un style élégant, car le dorique y alternent avec le corinthien. Le soleil fait chatoyer les frontons; le regard aime, alors, à se reposer sur le vert éternel des orangers et des citronniers.

Les montagnes sont couvertes de neige et le mont Pélion semble recouvrir d'un suaire immaculé un Titan assoupi.

La ville nous apparaît morte, tout est clos;

quelques hôtelleries et les services du port seuls fonctionnent. Des patrouilles turques circulent et semblent poursuivre un ennemi invisible.

Aussitôt débarqués, notre premier devoir est d'aller visiter le général turc, commandant en chef; son accueil agréable nous fait bien augurer de notre mission. Quelques jours après, en effet, conformément aux assurances fournies au Gouvernement grec, les réfugiés débarquent en foule de plusieurs paquebots revenant des îles grecques. Volo sort de son sommeil; quinze jours à peine se sont écoulés et la ville a repris son aspect des anciens jours.

La gaieté est revenue comme par enchantement; au Cercle, nous trouvons l'occasion de jouer au whist. Un soir, dans ce silence rituel que comporte le jeu, un bruit formidable se fait entendre; on croirait que des batteries d'artillerie passent au triple galop sous nos fenêtres; les tentures se balancent et l'immeuble oscille d'une façon terrifiante dans le sens de sa longueur. Nous sommes inquiets, haletants; mais, le calme se rétablit aussitôt et la partie continue. Un tremblement de terre venait de secouer la Grèce et le lendemain, nous apprîmes que de nombreux villages du Péloponèse étaient en ruines.

J'ai profité de quelques heures de répit pour reconnaître les environs de la ville qui sont des plus riants. Une des promenades favorites de la population voliote est l'excursion faite en chemin de fer à Lachonia, petit village au N.-E. de Volo.

Le train serpente sur les bords de la baie; tantôt il frôle la montagne nue, tantôt il traverse des terrains verdoyants où le laurier rose et la vigne fraternisent.

Lachonia est un village grec des plus pittoresques. C'est un coin du jardin des Hespérides. A l'abri des vents du nord, sa température est élevée. On nous offre de merveilleuses oranges, des mandarines et du raisin. Heureux pays, que ne devrait jamais troubler les soucis de la politique ! Hélas ! il a subi tant d'invasions que les habitants sont toujours sur le qui-vive.

Les maisons de la Thessalie peuvent, en effet,

soutenir un siège en règle. Les musulmans et les chrétiens, toujours sur le pied de guerre, vivent aux aguets, depuis plusieurs siècles. On ne saurait donc s'étonner de trouver une simple demeure transformée en forteresse. Quelques-unes, d'ailleurs, ajoutent à leurs formes massives une grande élégance architecturale.

L'habitation n'est, en somme, qu'un énorme bloc de pierres, dont le faîte seul est habité. Une petite porte robuste, en fer, y donne accès; au-dessus, un évidement de la muraille permet de verser de l'huile bouillante ou des liquides enflammés sur les assaillants. Des meurtrières sont percées sur chaque face du quadrilatère; des escaliers intérieurs peuvent être facilement obstrués; le tout est à l'abri de l'incendie.

Si nous allons à l'intérieur du pays, les monastères sont des forteresses, juchées sur les sommets inaccessibles de rochers isolés et défiant toute surprise. Les villages de Kastraki, de Kalambaka, sont surplombés par des couvents. Les monastères Aguia Trias, Aguion Stéphanon, dressent vers le ciel leurs constructions massives, dans un paysage éthéré où le bleu du firmament irise les neiges du mont Olympe.

Ce sont des blocs amoncelés par les Titans et que les moines grecs ont, à la longue, perforé, fouillé, par un travail de pygmées; des demeures se sont élevées sur ces arêtes de rochers, que les aigles seuls fréquentaient; demeures qui, pendant les guerres de l'Indépendance, ont donné asile aux Grecs que le Turc ou le Bulgare pourchassait.

Les couvents du Météore et du Pantocrator sont les plus remarquables. On n'y accède que par une gymnastique des plus périlleuses; des échelles disposées verticalement, plus ou moins branlantes, permettent de se hisser au sommet. Quelquefois, le visiteur, placé dans un filet, est hissé par les moines. Le filet, balancé dans le vide, heurte parfois la paroi du rocher à pic; un frisson parcourt les membres du visiteur qui se trouve, ainsi replié dans le filet, à la merci d'une corde usagée. Aussi, l'instant de la délivrance n'arrive jamais assez tôt.

THESSALIE (MAISON FORTIFIÉE)

Les paysans et paysannes de la Thessalie offrent un type très énergique. Les hommes, portent un costume foncé à jupe courte, comme les evzones; les femmes, vêtues étrangement, sont couvertes de chaînettes et de sequins.

Avant de retourner à Constantinople, je vais en compagnie du Marquis Carlotti, inspecter l'état de la population à Larisse.

Le chemin de fer traverse des plaines fertiles; le regard est constamment tourné vers le mont Olympe, qui étincelle, au loin, sous les feux du soleil, alors qu'à notre droite se dresse une montagne de marbre vert.

Le train est encombré de soldats turcs, dépenaillés, déguenillés, semblables à des félins en maraude. Des Albanais, guègues (1), s'installent sans coup férir dans les compartiments réservés aux officiers généraux, sans un salut, sans un regard.

C'est la guerre sainte dans toute son horreur.

Nous constatons que l'arrivée des réfugiés ne fait que s'accentuer et que malgré la présence des troupes turques, les habitants vaquent à leurs affaires. Après une visite faite au Gouverneur militaire, notre mission étant terminée, nous disons adieu à la Thessalie.

Le petit vapeur grec attend à Volo ses passagers; plus que jamais, la mer est démontée, et c'est dans une sarabande folle des passagers, de l'équipage et du mobilier, que nous parvenons à gagner les Dardanelles. La traversée de la Mer de Marmara laisse quelque répit à nos souffrances; c'est le cœur allègre et chaviré à la fois, que nous entrevoyons les minarets de Sainte-Sophie.

J'ai repris le cours normal de mon existence et rien ne vient désormais troubler ma quiétude. Deux années de plus se sont écoulées, aussi un congé m'a été accordé et l'*Hoogly*, des Messageries Maritimes, me ramène vers les rives de France.

---

(1) Les Albanais sont subdivisés en trois clans ; les Guègues qui sont musulmans ; les Malissores, catholiques ; et les Tosques, orthodoxes.

La traversée des Dardanelles offre au voyageur un spectacle des plus pittoresques. Quelquefois, les rives se resserrent au point qu'on voit les pièces d'artillerie des nombreux forts turcs qui gardent le détroit, allongées sur les parapets, telles de monstrueux serpents. Puis viennent Dédéagatch, Salonique et Smyrne dont j'ai déjà entretenu le lecteur.

De là, le paquebot se dirige vers l'île de Scyra, tant vantée lors de la guerre de l'Indépendance.

Le port de Scyra est minuscule; la population se livre à la pêche et spécialement à celle de l'éponge. Sur un terre-plein, au débarcadère, se trouve la statue de Miaoulis, le corsaire si redouté des Turcs. Miaoulis était, en effet, devenu la terreur des infidèles dont il incendiait les flottes au moyen de brûlots.

La ville domine le port; ses maisons basses se confondent avec le rocher d'une blancheur éblouissante. Scyra n'a pas varié depuis des siècles, et n'était le costume et la religion, le voyageur pourrait encore avoir l'illusion de retrouver un coin de l'antique Hellade.

L'*Hoogly* gagne le Pirée et touche à Calamata, dans le golfe de Coron. Calamata, la ville aux roseaux, enfouie dans la verdure, dort à l'abri des montagnes de la Messénie et n'offre rien de particulier.

Quelques heures plus tard, le paquebot reprend sa route et après être passé entre la côte et l'île de Sapienza, met définitivement le cap sur Marseille.

Pour le voyageur qui arrive de la Côte d'Afrique, de l'Extrême-Orient ou du Levant, la joie de fouler la terre de France, est pour lui chose toujours nouvelle. Les longs mois passés dans l'isolement, les souffrances endurées sous les tropiques, se dissipent à l'instant; le bonheur de revoir les siens, de retrouver des amis, toutes ces pensées l'assaillent à la fois et l'enchantent. Ces sentiments sont mitigés chez moi d'une vague tristesse, car je ne retrouve plus d'êtres chers et mon existence n'est plus que celle du nomade.

Les heures passées en France sont si brèves à l'horloge du temps que je me retrouve encore sur le seuil des séparations. Je fais à la hâte quelques derniers adieux et l'Orient-Express me ramène en peu de jours aux rives du Bosphore.

Un grand changement survient dans l'Ambassade, M. P. Cambon est appelé à Londres, et M. Constans le remplace.

Le départ d'un chef si estimé et si redouté à la fois, nous est pénible. C'est un grand vide dans la colonie.

Quelques jours plus tard, nous nous rendons à la gare pour recevoir le nouvel Ambassadeur. Un envoyé du Palais vient lui souhaiter la bienvenue au nom de S. M. Abdul Hamid.

La présentation des lettres de créance du nouvel Ambassadeur eut lieu peu après.

Des voitures de gala du Palais vinrent chercher M. Constans, avec tout le personnel de l'Ambassade et du Consulat, en grand uniforme.

Ces voitures, sobres et élégantes, ne sauraient être comparées à celles dont j'ai entretenu le lecteur et qui amènent le Ministre de France au Caire auprès de S. A. le Khédive, lors de la présentation de ses lettres de créance. Le cortège également ne saurait entrer en ligne de compte. Seul, le grand Chambellan du Palais monte avec le premier Drogman dans la voiture de l'Ambassadeur, qu'escortent deux aides-de-camp de Sa Majesté.

Le cortège entre dans la cour du Palais de Yldiz, où une compagnie d'infanterie rend les honneurs. L'Introducteur des Ambassadeurs conduit alors M. Constans et sa suite dans un salon où se trouve un nombreux état-major et attenant à celui où se repose Abdul Hamid.

Des Albanais, au regard féroce et équivoque, montent la garde, baïonnette au canon, devant toutes les issues.

Une minute après, S. M. le Sultan fait son apparition.

De petite taille, très simplement vêtu, la barbe rouge, le nez aquilin, proéminent, celui qui tient sous sa main des millions d'hommes me paraît d'une fragilité extrême. Des yeux noirs et petits, au brasillement intense, luisent dans les profondeurs de l'orbite et scrutent le visiteur.

Dès que l'Ambassadeur a terminé la lecture des lettres qui l'accréditent en cette qualité auprès de Sa Majesté, celle-ci répond, en turc, quelques mots aimables et le félicite d'avoir été appelé à Constantinople par le Gouvernement de la République. L'Introducteur des Ambassadeurs remplit en cette circonstance les fonctions d'interprète.

Le Sultan présente alors à l'Ambassadeur sa maison militaire et les Ministres présents.

M. Constans, à son tour, présente son personnel et le Commandeur des Croyants a un mot aimable pour chacun de nous.

Le Sultan rentre aussitôt dans ses appartements, car la cérémonie est terminée.

Nous passons dans un salon contigu, où le café et les cigarettes nous sont offerts. Les Maréchaux de l'Empire, les grands dignitaires rivalisent d'amabilité et peu après le cortège reprend la direction de l'Ambassade.

Cependant, l'impression que je ressens en quittant le palais de Yldiz, est plutôt pénible. On ne peut, en effet, sans frémir, songer aux calamités qui se sont abattues sur ce malheureux pays, par le fait de ce despote, qui ordonne froidement le massacre de ses sujets, qu'aucune considération ne saurait arrêter quand un obstacle se présente. Errant dans son palais, aux méandres multiples, le Sultan ne dort jamais, paraît-il, dans la même chambre et la terreur règne en maîtresse au palais de Yldiz. Il a pour conseiller favori un derviche fanatique, nommé Abou'l Houda, qui est, d'après la légende, son mauvais génie; après lui, vient le grand Eunuque (Keuzlar aghasseu) qui a toute la confiance de son maître et est l'exécuteur de ses hautes œuvres.

Au point de vue préséance, le Grand Eunuque a le pas sur le Cheikh ul Islam et le Grand Vizir; c'est un géant noir, lippu et adipeux, dont la personnalité est déconcertante.

Après les scandales qui eurent lieu, jadis, dans le harem du Sultan Abd el Aziz, du fait d'un castrat, et qui amenèrent une répression terrible, des précautions sévères furent prises et une sélection scrupuleuse s'imposa. Désormais, le titulaire de ces fonctions dut renchérir sur ses congénères et fut passé au fil d'une faucheuse impitoyable.

Quelquefois, un cortège, composé de deux ou trois voitures et précédé de quelques cavaliers, passe au galop dans les rues de Constantinople. Les voitures sont hermétiquement closes. Un géant noir, énorme, en redingote, chamarré de décorations et montant un pur sang arabe, chevauche près de la portière. C'est la Sultane Validé (la Sultane Mère), revenant de Yldiz et qui rejoint sa demeure au Vieux Sérail, accompagnée par le Grand Eunuque.

C'est un spectacle impressionnant et réjouissant à la fois.

Les déplacements de S. M. Abdul Hamid, confiné dans son palais, sont assez rares. Il y a ce jour-là, un grand mouvement de troupes et des mesures sévères sont prises sur tout le parcours pour protéger le cortège.

Le peuple se rue, en foule, pour acclamer le Souverain. Mais Sa Majesté a changé d'idée et c'est par mer que le voyage a lieu.

Tous les vendredis, le Sultan va faire sa prière à la mosquée Hamidié, qui est située en dehors du palais, mais lui est contigüe.

Des contingents de la garnison s'y rendent pour former la haie. Le Sultan, accompagné de son jeune fils et du Ministre de la guerre, conduit lui-même une victoria attelée de deux splendides chevaux blancs et que suit, à pied, une multitude de fonctionnaires, civils et militaires, en grand uniforme et portant toutes leurs décorations.

Le muezzin appelle, de sa voix suave, les fidèles à la prière. Sa Majesté descend alors de sa victoria et pénètre dans la mosquée avec toute sa suite. La prière terminée, le Sultan remonte en voiture et regagne le palais au trot, suivi par cette troupe de fonctionnaires qui s'efforce de rejoindre l'équipage.

L'effet est alors d'un haut comique.

Quoi qu'il en soit, je me suis glissé dans la

foule, en simple curieux, et je demeure pénétré d'admiration devant ce défilé où l'Orient s'exalte tout entier, tandis que les acclamations de la troupe retentissent au loin, attestant la grandeur et la puissance de l'Islam.

Cette année, l'hiver très précoce s'annonce par des giboulées glaciales. Le vent venant de la Mer Noire, s'engouffre dans le Bosphore et rend la navigation très pénible. En effet, un matin, Constantinople se trouve couvert d'une épaisse couche de neige. Tous les services sont interrompus et le soir elle tombe à gros flocons, si drue, que je ne puis retrouver ma direction. Je suis invité, et j'ai grand peine à reconnaître la rue et la maison où je suis attendu. La neige, poussée par le vent, se hisse à la hauteur des serrures et, par ma foi, je me trouve désorienté et perdu. Mon retour est des plus pénibles et vingt fois je m'égare dans les rues.

Cette situation se maintient quelques jours encore et le ciel reprend enfin sa sérénité.

Quelquefois, le calme de la cité est brusquement interrompu par le bruit sourd du canon. Une voix s'élève dans la nuit, et lance aux quatre points de l'horizon, le cri de : « Yangueunn var ! » (Au feu !) Tel un glas, le nombre de coups de canon indique l'endroit où a éclaté l'incendie.

Par une de ces nuits d'hiver, où le vent du Bosphore souffle en tempête, je regagne mes pénates, perdu dans l'obscurité des rues de Péra ; ce cri résonne à mes oreilles et l'écho me renvoie le grondement sourd du canon.

Je m'arrête et écoute ; je sens alors une main s'appuyer à mon bras. Devant moi, une horrible mégère, à face de caméléon, ayant probablement pris part à quelque louche aventure, glapit à mon oreille : « Amann, couzoum, nérédé ? » (Par grâce, mon agneau, où est-ce ?) Je me dégage de cette étreinte hideuse, lui réponds : « A Stamboul ! », et me replonge dans la nuit, cherchant à gagner si possible le théâtre de l'incendie.

Du côté de Stamboul, transformé en brasier, le ciel est rougeoyant. A cet instants, des cris sauvages retentissent, un piétinement furibond martèle le pavé; des lueurs sinistres de torches éclairent furtivement les carrefours et une bande de forcenés passe au grand galop. Ce sont les pompiers de la ville. Quelques-uns d'entre eux portent sur leurs épaules une petite pompe à bras, véritable joujou, semblable avec son tuyau à un énorme narghileh. Il est douteux que le jet de cette pompe puisse influencer sur la marche du fléau; il me paraît plutôt destiné à l'activer.

Bref, la venue des pompiers est toujours aussi désastreuse que le feu. L'occasion qui s'offre à eux de piller est des plus tentantes; c'est à qui pénètrera le plus vite dans les maisons et fera main basse sur les objets précieux.

J'approche de l'incendie. Un vent terrible venant du Bosphore couche au ras du sol d'immenses langues de feu, rugissantes, qui vont à cent mètres de là incendier les autres maisons. Des milliers d'étincelles s'élancent et semblent fuser d'un feu d'artifice géant.

L'incendie fait rage et la pompe turque giclante, semble, à distance, un vaporisateur. Des cris et des plaintes s'élèvent de tous côtés, et les objets mobiliers, lancés par les fenêtres, ajoutent au désarroi. La part du feu étant faite, il fut constaté que 400 maisons avaient brûlé. Les maisons de Stamboul sont, en effet, construites en bois et offrent un aliment facile à l'extension du feu.

Plus tard, un service de pompes à vapeur, fort bien organisé, fut installé et rendit les plus grands services.

Ces actes de pillage commis par les pompiers, au milieu du sinistre, ne sauraient attirer une répression quelconque pour leurs auteurs. C'est encore un des traits de mœurs du peuple turc.

Le brigandage se manifeste, en effet, sous toutes ses formes; les soldats mêmes de la garnison, arrachent les boucles d'oreilles aux paisibles promeneuses qui regagnent leur domicile, au crépuscule.

Recommandation est également faite à l'étranger de ne pas s'écarter de Constantinople, le soir.

Les enlèvements à main armée sont assez fréquents, et le lecteur me permettra de lui conter l'aventure arrivée, en Août 1895, à un de nos compatriotes, M. de Raymond, viticulteur à Rodosto, village situé à environ 130 kilomètres au sud de Constantinople.

C'est de la bouche même de M. de Raymond, que je tiens le récit, et que, ma mémoire aidant, je vais chercher à rapporter aussi fidèlement que possible.

Par une de ces chaudes après-midi d'Août, où la campagne surchauffée incite le travailleur à faire la sieste, M. de Raymond se trouvait, chez lui, occupé à sa correspondance. Tout dormait autour de lui; le calme, aux environs, était complet. Tout-à-coup, trois bandits à figure patibulaire encadrent la porte et les fenêtres de l'appartement et braquant leurs fusils sur notre compatriote, lui intiment l'ordre de les suivre. Interloqué, M. de Raymond (qui s'exprimait un peu en grec), leur fait entendre qu'il était prêt, mais qu'auparavant il devait informer ses gens de son absence. Sur une nouvelle injonction qui n'admettait pas de réplique, notre compatriote partit, dans une tenue des plus sommaires, à la suite des brigands. Ceux-ci le conduisirent, à marche forcée, dans les ravins du Tekir dagh, le rudoyant dès qu'il ralentissait le pas. La nuit venue, après avoir pris quelques heures de repos, la marche fut reprise. Les brigands, qui étaient grecs, sujets ottomans, pressentant que la gendarmerie ne tarderait pas à être à leurs trousses, hâtaient le pas et tâchaient de conduire le prisonnier dans des endroits inaccessibles. Le jour, tapis dans les halliers, après avoir mangé un pain détestable et quelques tranches d'un fromage innommable, la troupe faisait halte et se reposait, pendant que l'un des brigands faisait le guet.

Au coucher du soleil, les bandits, prenant une autre direction, semblaient par un détour, revenir sur leur pas, vers Tchorlou. Le trajet se faisait à la file indienne; le chef de la bande, en éclaireur, ouvrait la marche; le deuxième brigand, au milieu, conduisait M. de Raymond, dont les mains étaient liées derrière le dos; le dernier, à quelques centaines de pas en arrière, fermait la marche, et traînait après lui une touffe de branchages, en vue d'effacer les empreintes laissées sur le sol.

Cependant, notre ami apercevait toujours, dans la nuit, le phare à éclipse de Rodosto, qui pouvait le guider en cas de fuite; mais, ce fut peine inutile. Après plusieurs jours de marches forcées, M. de Raymond, exténué, les mains et la figure déchirées par les ronces et les épines, les pieds endoloris, couvert de plaies et de vermine, ne put plus avancer. Les brigands tinrent conseil et le chef décida qu'il fallait se débarrasser du captif. L'un d'eux, qui manifestait quelque sympathie à M. de Raymond, connu dans la région par sa bravoure et sa bienveillance, proposa à ses acolytes de rendre notre compatriote à la liberté moyennant rançon. Ce projet fut alors adopté; restait le moyen à trouver pour arriver à leurs fins. M. de Raymond, pressenti, écrivit sur un bout de journal, quelques mots à la ferme. Le billet fut porté, de nuit, par un berger de connivence avec les bandits. Au reçu de cette missive, la joie fut au comble à Rodosto, car on croyait que M. de Raymond avait été victime d'une basse vengeance.

Un express fut envoyé à l'Ambassade porter la bonne nouvelle. L'Ambassadeur, M. de Montebello, qui avait déjà porté ses doléances au Palais, après l'enlèvement de notre compatriote, fit informer le Sultan. Il fut convenu que la rançon fixée par les brigands serait acceptée et que la gendarmerie ne serait pas mobilisée. La réponse de l'Ambassade fut transmise aux brigands par la même voie. Ceux-ci fixèrent, si ma mémoire est fidèle, le montant de la rançon à 150.000 francs, payable en or, et apportée par un cavalier seul, à telle date à un endroit désigné.

L'Ambassadeur ayant accepté les conditions et le Sultan ayant avancé les fonds sur sa cassette particulière, deux Drogmans de l'Ambassade partirent pour Rodosto, portant dans une sacoche la rançon en or.

Ces fonctionnaires arrivés à Rodosto allèrent trouver M. Tachella, Consul de France, et lui firent entrevoir les grosses difficultés diplomatiques qui seraient soulevées si les brigands manifestaient à leur endroit des intentions hostiles et se récusèrent. M. Tachella, intelligent et brave, sourit et leur promit de porter lui-même l'argent aux bandits. Un soir, aidé de son domestique, prétextant une partie de chasse et pliant sous le faix de ce monceau d'or, ils partirent, trompant la surveillance des policiers turcs auxquels il avait été recommandé de faire bonne garde auprès du trésor enfermé au Consulat, et de grand matin, enfourchant leurs monture, ils gagnèrent l'endroit indiqué, guidés par un berger.

A un carrefour de la forêt, un pâtre, sorti d'un hallier, prit la bride du cheval de M. Tachella, le conduisit à l'endroit fixé, puis s'éclipsa. Un quart d'heure plus tard, le chef des bandits s'approcha et après un interrogatoire sommaire, pria le Consul de descendre de cheval et de lui remettre la somme demandée. Le fonctionnaire s'exécuta et le brigand compta intégralement pendant une heure les pièces d'or, après les avoir scrupuleusement examinées. Le total se trouvant exact, le brigand en délivra quittance après avoir apposé son cachet (faisant observer qu'il n'était pas un voleur), et se retira, priant le Consul de patienter un quart d'heure de plus.

Dans cet intervalle, M. de Raymond avait été amené, non loin de là, les yeux bandés.

Son conducteur, après lui avoir serré les mains, lui fit faire plusieurs tours sur lui-même et disparut dans les fourrés. M. de Raymond ôta alors son bandeau et aperçut celui qui était venu le délivrer.

Après une effusion de joie bien compréhensible, notre compatriote revint à Constantinople, se reposer de toutes ses fatigues et c'est là que j'eus le plaisir de recueillir ce récit de sa bouche.

Les brigands, lestés de cette énorme somme d'or, gagnèrent la Grèce. Les recherches faites par l'autorité ottomane n'auraient jamais abouti, sans le hasard, qui est, parfois, le maître des actions humaines. En effet, lorsqu'il s'agit de partager l'or, un des bandits se prétendit lésé, et après un combat avec le chef de la bande, songea à en tirer vengeance. Son premier soin fut de dénoncer ses complices. Les deux brigands furent capturés et condamnés à la réclusion perpétuelle; une bonne partie de la somme récupérée et le dénonciateur recouvra, de ce fait, la liberté.

Pareille aventure arriva, plus tard, à Smyrne, au fils d'un des notables de la ville; il fut capturé et relâché à peu près dans les mêmes conditions.

Pendant l'hiver, des soirées sont données par Monsieur et Madame Constans; très suivies et très gaies, on y délaisse un peu la raideur diplomatique. D'ailleurs, l'Ambassadeur est rond et jovial; sa conversation a une saveur toute biterroise et ses propos nous mettent en joie. Quelquefois, il aime à nous rappeler avec force détails, alors qu'il était Ministre de l'Intérieur, le stratagème qu'il employa pour hâter la fuite du général Boulanger.

Ces jours-ci, l'Ambassade a reçu la visite de l'Amiral Fournié, Commandant une division de l'escadre de la Méditerranée, que le yacht impérial *Erthogroul*, était allé chercher aux Dardanelles, avec son Etat-Major. L'Amiral fut présenté par M. Constans à S. M. Abdul Hamid. Une réception solennelle eut lieu ensuite à l'Ambassade; elle m'a laissé un souvenir inoubliable, car je fut charmé de l'accueil bienveillant de l'Amiral dont la figure est douce et énergique à la fois.

Au demeurant, mes relations avec les fonctionnaires turcs restent des plus tendues. La façon dont les tribunaux ottomans rendent la justice ne saurait me convenir. Bien des procès restent en souffrance et je refuse d'apposer ma signature sur certains jugements rendus. *Inde iræ.* Ma besogne devient de plus en plus inutile. Les nombreuses démarches que je fais auprès du Ministre de la Justice, pour hâter la solution de divers procès, sont inutiles. Tantôt le Ministre est occupé, tantôt il est en prière. Le Ramazan a fatigué son Excellence, puis le Baïram va arriver. Bref, j'ai hâte d'avoir une mission plus utile et plus instructive.

Plainte est portée à l'Ambassade et M. Constans me fait appeler. Peu au courant des affaires d'Orient, surtout en matière de procédure, l'Ambassadeur me fait entendre que les Drogmans de l'Ambassade ne sont que de simples huissiers et qu'il importe que je ratifie les jugements rendus. J'oppose à l'Ambassadeur un refus formel. C'était encourir les foudres de Jupiter.

Ma situation à l'Ambassade n'étant plus possible, c'est avec la plus grande joie que je m'en éloigne et que je reviens à Paris.

CHAPITRE VIII

SOMMAIRE : Nomination à Mossoul. — En route pour Bombay. — Description de la ville. — Hindous, Musulmans, Parsis. — Les Tours du silence. — Les faméliques. Le bûcher hindou. — La bayadère. — Le théâtre hindou. La langue hindoustani. — Le quartier d'Aphrodite. Départ pour le golfe Persique. — Kurrachee. — Mascate. Djask. — Lindjah. — Bender Abbas. — Bender Bouchir. Bassorah. — Le Lazaret. — Le Chott el Arab. — Bagdad. Le Consul de France. — Description de Bagdad. — Départ pour Mossoul. — La caravane. — Le mirage. — Les Bédouins. — Arrivée à Mossoul.

Les premiers jours de l'année 1901 me retrouvent en route pour le Vice-Consulat de Mossoul, en Mésopotamie.

A cette époque, la Mer Méditerranée étant démontée, craignant de plus les rigueurs des montagnes du Kurdistan, je songe à gagner mon poste par la voie du Golfe Persique.

Arrivé à Constantinople, un paquebot du Lloyd Autrichien m'amène en deux jours à Alexandrie et le troisième jour, le *Tonkin,* des Messageries Maritimes, faisant le trajet d'Extrême-Orient, me prend à son bord, viâ Bombay, avec escale à Aden.

Comme toutes les villes d'Arabie, Aden, est pittoresque; entourée d'une ceinture de montagnes, elle subit, de plus, toutes les ardeurs du soleil des tropiques. La pluie y est fort rare; aussi, de magnifiques citernes ont été construites pour emmagasiner l'eau qu'un cyclone inespéré peut procurer. La Colonie anglaise se sert d'eau de mer distillée.

La population y est très mélangée. Les Arabes, les Grecs, les Somalis, coudoient les Anglais et les Banians. Aden est un centre commercial important pour l'hinterland de l'Arabie. Toutes les Compagnies de navigation y font escale et s'y approvisionnent en charbon.

La visite de la ville ne me laisse aucune impression remarquable.

Le *Tonkin* vient de lever l'ancre et met le cap sur Bombay; sept jours de navigation nous séparent de l'Inde.

C'est l'hiver en Europe, et ici, nous sommes aux plus beaux jours des tropiques; l'Océan Indien, jusqu'à l'époque de la mousson, est d'un calme absolu. La vie est très gaie à bord du *Tonkin*; les jours s'écoulent rapidement et c'est avec regret que je me sépare, un matin, du Commandant du paquebot et de ses officiers, car la terre est en vue.

Bombay, chef-lieu de la Présidence du même nom, est située par 21° de Latitude N. et 70° de Longitude E. La rade et le port offrent un coup d'œil admirable. Déjà, l'Inde se présente sous mille aspects à l'œil du voyageur. Le rivage est couvert d'une végétation florissante; les palmiers, le bananier, le figuier des banians, alternent avec le cocotier. Un monde étrange se démène, s'agite sur le port et dans les rues de la ville. Des monuments sombres et imposants se dressent à côté de magasins indigènes, de maisons à style archaïque et de bungalows.

Une automobile frôle une victoria démodée et un palki-ghari, attelé de deux jolis zébus, lancés au grand trot, croise un tramway électrique, au grand émoi de ses voyageurs.

Je regrette de ne pas voir circuler dans les rues de la ville, comme auparavant, le magnifique éléphant de l'Inde et son cornac; le mouvement intense de Bombay, les trompes des automobiles et des tramways pouvant effrayer l'animal, sujet à des paniques folles, et causer de graves accidents, tendent à l'éloigner de la ville.

Le ciel d'un bleu turquoise est immaculé en ce mois de Février et le thermomètre marque 35°.

De superbes noirs, au torse nu, n'ayant pour tout vêtement que le langouti, arrosent les voies principales avec l'eau que contient une outre énorme suspendue à leur épaule.

De magnifiques cipayes à cheval, armés d'une lance, passent devant moi, porteurs d'ordres de la Présidence; coiffés d'un immense turban, leur tenue est impeccable et je ne cesse d'admirer leurs montures superbes, lorsque ma voiture me dépose à la porte de l'hôtel Victoria.

L'hôtel, tenu par des Portugais de Goa, offre par sa situation un modèle de confort; au milieu, se trouve un jardin agréable où le voyageur, après les fatigues de la journée, trouve un peu de fraîcheur et de délassement.

Après ma visite au Consul de France, je hèle un palki-ghari et me dirige vers la ville indigène.

La voiture a ses roues coloriées; quatre montants se rejoignent en haut et forment un petit dôme sous lequel s'entassent hommes, femmes et enfants. Le conducteur, installé à l'avant, repose plutôt sur le timon; c'est le corricolo hindou.

Bombay renferme à peu près 800.000 âmes. Il est difficile de décrire l'originalité de la ville indigène et des bazars; aucun spectacle au monde ne saurait égaler celui que présentent les grandes villes de l'Inde. La beauté des habitants, le calme qui préside à toutes leurs occupations, la diversité et la richesse de leurs costumes, tout est sujet d'émerveillement pour l'Européen.

Les Hindous qui forment la majeure partie de la population de l'Inde, sont brahmanes. Leur teint est bronzé et d'une pureté parfaite; le visage est rasé, à l'encontre des musulmans qui portent toute la barbe; leur costume et le turban sont d'une blancheur immaculée; ce dernier est, pour eux, l'objet d'un arrangement constant; chacun le façonne à sa guise et d'une manière si coquette que cette coiffure leur sied admirablement. Chaussés de babouches rouges à bouts relevés et guillochées d'or ou d'argent, portant quelquefois des perles au pourtour des oreilles, leur élégance est sans rivale. Les musulmans dont la tenue ne leur cède en rien, sont de plus haute stature et d'un aspect farouche.

L'antagonisme de ces deux races a souvent causé des ennuis au Gouvernement de l'Inde. Les Brahmanes, pour qui la vache est un animal sacré, sont indignés de voir les Musulmans égorger ces animaux. Il en résulte des combats sanglants, que l'autorité anglaise arrête avec peine. Mais, les Musulmans sont en minorité dans l'Inde. Depuis son établissement dans ces régions, le Gouvernement anglais, profitant de cet antagonisme de races et de religions, a su, par une habile politique de bascule, maintenir tous ces éléments dans un état de paix relative.

A côté d'eux, viennent les Parsis, les Portugais de Goa, les Bouddhistes en petit nombre, les Juifs et les Dravidas, ancienne population aborigène de l'Inde.

A Bombay, les Parsis et les Portugais ont une situation privilégiée.

Les Parsis, descendants des Perses, sectateurs de Zoroastre adorent le soleil et le feu. Refoulés par Alexandre-le-Grand, des plateaux de l'Iran, les Perses fuirent devant l'envahisseur; bon nombre vinrent se réfugier aux Indes où l'hospitalité leur fut accordée; ils s'installèrent en plusieurs points et principalement sur la côte ouest de la péninsule.

Les Parsis actuels n'ont rien abandonné de leurs habitudes millénaires et dans un des principaux quartiers de Bombay on voit des fontaines, dont les pilastres angulaires sont soutenus par d'énormes taureaux ailés, tels qu'on les voit encore épars dans la campagne de Suse, en Perse.

Fort intelligents et souples, ils ont su se rendre utiles; à l'instar des Coptes d'Egypte, ils occupent des postes élevés dans les principales administrations anglaises et cela à l'entière satisfaction du Gouvernement des Indes.

Leur connaissance des divers dialectes usités dans la Vice-Royauté, leur permet de rendre des services appréciables.

Leur langue liturgique est le zend.

Les Portugais de Goa, descendants des conquérants portugais, venus aux Indes Orientales au quinzième siècle, sous Albuquerque et Vasco de Gama, se sont installés un peu partout, sur la côte de Malabar et dans le Golfe Persique. Industrieux et commerçants, leur mérite est indiscutable.

La visite de la ville indigène et des bazars, est, pour moi, un sujet d'étonnement. A côté des marchands de soieries et de cotonnades, se trouvent les orfèvres. Les artistes, accroupis dans des ateliers minuscules, dont la profondeur ne dépasse pas un mètre, le torse nu, au bronze éclatant, travaillent des mains et des pieds; les uns cisèlent l'or ou l'argent, les autres travaillent l'écaille ou le bois de santal. Une foule immense, bigarrée, va, vient, se bouscule. Des femmes, demi-nues, aux formes sculpturales, traînent leurs bambins et vont rapidement faire leurs dévotions à quelque santon.

Un des faubourgs les plus remarquables de Bombay, est Materân. Les riches Parsis, les hauts fonctionnaires anglais y ont leur résidence; de nombreux officiers y occupent des bungalows.

Cette habitation basse, entourée de clôtures, est, de par sa disposition intérieure, fraîche en été.

L'hiver à Bombay, qui s'étend de Juillet à Novembre est chaud et humide; des pluies diluviennes en rendent le séjour peu agréable.

Ce matin, alors qu'une température très douce m'incite au far niente, je suis tiré de ma rêverie par un bruit de crécelles et de cymbales. Je me hâte d'accourir et de voir; c'est un enterrement parsi qui gagne les Tours du Silence.

Le convoi défile au pas accéléré. Le défunt me paraît être tout jeune; revêtu de ses plus beaux habits, il est étendu sur une civière sur laquelle est une jonchée de fleurs. Les porteurs l'enlèvent allègrement sur leurs épaules. Les parents, les amis suivent le cortège et aucune trace de douleur n'apparaît sur leurs figures, car la mort n'est pour eux qu'une transmigration de l'âme qui s'effectue dans un sentiment de joie, pourvu que la terre où elle doit retourner ne soit pas souillée.

Je suis le convoi à distance; de temps en temps, quelques paroles liturgiques se font entendre à l'instant où les cymbales cessent de retentir; peu après, j'aperçois les Tours du Silence, qui dressent vers l'azur la masse énorme de leurs blocs de pierre. Elles sont au nombre de trois, perdues au milieu des palmiers dans un site peu éloigné de la ville.

L'intérieur des tours comporte un escalier circulaire qui conduit au sommet. Là, se trouve un grillage en fer, légèrement incliné de la périphérie au centre, sur lequel sont aménagées des alvéoles de trois dimensions, suivant l'âge des défunts. Le corps est étendu dans l'alvéole et doit être dévoré par les vautours.

En effet, dans le voisinage des tours, se tiennent perchés, soit sur les tours mêmes, soit sur les palmiers voisins, un nombre considérable de vautours noirs.

Ils sont dans l'attente; et dès qu'un cadavre a été exposé, c'est une ruée immédiate. En quelques instants, le corps est dépecé; les rapaces emportent, à qui mieux mieux, des lambeaux de chair; une lutte s'ensuit quelquefois sur les palmiers pour un lambeau d'entrailles. Spectacle horrible, presque quotidien, que ne saurait atténuer l'enchantement des lieux d'alentour.

Le squelette, restant exposé aux rigueurs des tropiques, tombe peu à peu en poussière. La pluie entraîne, dans un coin spécial, ces poussières impalpables et le dogme immortel des sectateurs de Zoroastre est sauvegardé.

Je cherche à m'introduire avec le cortège, mais les gardiens me repoussent; seuls, la famille et les invités doivent assister à l'entrée du corps dans la tour.

Je me retire profondément troublé par le spectacle de ces rites plusieurs fois millénaires et dont la tradition immuable en renouvelle les horreurs à travers les âges.

Le lecteur sait pertinemment qu'en Orient le spectacle de la mort, n'a point cet aspect sombre et attristant qui lui est dévolu sous nos climats. L'enterrement parsi me rappelle celui des grecs orthodoxes à Constantinople et dont j'ai été quelquefois témoin. Même dispositif pour le défunt; la civière est portée le plus près possible de terre;

les enfants mêmes viennent voir une dernière fois le visage du mort, qui est transporté à grand renfort de cris et de larmes. Lorsque l'archimandrite meurt, son cadavre reste exposé trois jours, revêtu de ses habits sacerdotaux, la mître en tête, la crosse en main et assis sur le siège d'honneur qu'il occupe ordinairement à l'Eglise; pendant ces trois jours, des messes se succèdent sans interruption et une foule énorme de fidèles vient contempler une dernière fois le visage de celui qui fut un pasteur vigilant et toujours inquiet du sort de ses ouailles, exposées aux tracasseries journalières de l'infidèle.

Le lendemain, le hasard m'amène dans un autre coin de Bombay. Chemin faisant, je me trouve devant un enclos, et dans la pénombre, je vois grouiller des êtres qui me semblent échappés de l'enfer du Dante. Hommes, femmes et enfants, presque nus, sont des squelettes ambulants. Ils n'ont, en effet, que la peau et les os ; les muscles ont disparu, et, dérision amère ! sur ces têtes cadavériques, un turban est encore coquettement enroulé; des femmes, qui ne peuvent même plus mériter cette appellation, donnent un semblant de mamelle à l'ombre d'un petit être.

Accroupis autour de feux rudimentaires, ils font bouillir la ration de riz qui leur est allouée par le Gouvernement anglais. D'un bout à l'autre de leur existence, en proie à une affection de l'appareil digestif, c'est pour eux une famine éternelle que ne saurait adoucir le bon vouloir du Gouvernement. Maladie endémique, comme la peste et le choléra, la famine enlève chaque année des milliers d'existences dans cette fourmilière, que l'Inde représente à mes yeux.

Parqués sous des tentes et confondus dans cette demi-obscurité, ils rampent, en mouvements vermiculaires; un spectre accroupi fume tranquillement son houka, et dans ce craquement d'os et de vertèbres, ne songent-ils pas à la reproduction !

Je m'échappe de cette vision infernale et mes regards se portent sur une longue colonne de fumée qui s'étend au loin sur la ville. Je suppose qu'un incendie a éclaté, et me porte dans cette direction. Je ne suis plus qu'à quelques pas; seuls, le crépitement des étincelles et le ronflement des flammes, viennent rompre la monotonie de l'endroit. Ce n'est pas le bruit et le mouvement habituels de gens effarés, fuyant et sauvant leurs objets menacés par l'incendie; je pénètre dans l'enceinte et je vois, au contraire, quelques personnes dans le recueillement le plus parfait, entourant de nombreux bûchers de bois de santal, sur lesquels brûlent des cadavres. C'est le cimetière hindou qui flambe, nuit et jour, et réduit en cendres les disciples de Brahma.

A Bénarès, la ville sainte, sur les bords du Gange, s'élèvent, paraît-il, de véritables collines de cendres, car les Hindous y viennent, de fort loin, faire incinérer les cadavres de leurs proches.

Décidément les surprises abondent pour l'Européen; la vie, dans ces régions, n'offre aucune complication. Il faut ajouter que c'est grâce à l'énergie du Gouvernement anglais que ces cérémonies revêtent un caractère moins atroce; la loi brahmanique veut, en effet, que les épouses de l'hindou décédé soient brûlées vives sur le bûcher de leur mari. Malgré une vive résistance, force est restée à la loi; et bien que la veuve soit par la suite un objet d'horreur pour ses parents, il lui reste toujours le privilège de la vie.

Mais, à côté de ces tableaux écœurants, l'Inde en offre de joyeux, car la vie reprend éternellement ses droits. Le soleil dore du même rayon le parsi étendu sur sa grille, l'hindou sur son bûcher et la bayadère, dont le sourire a l'orient de la perle et dont l'œil noir, suivant l'expression du poète, est semblable au lotus.

Un grondement du tambourin, la foule s'assemble; tous les regards se portent vers une jeune fille au teint bronzé; ses mains et ses pieds sont chargés de bijoux et d'anneaux; le sari qui lui enserre la poitrine laisse les bras et les seins nus et la jupe très ample qui l'enveloppe, à peine agrafée aux hanches, lui laisse une grande liberté de mouvements. Tantôt, elle pivote sur ses orteils, tantôt, elle ondule, se ploie en arrière, relevant alors les pans de sa jupe diaprée de reflets multicolores; ne semble-t-elle pas un magnifique papillon qui s'éploie au soleil et prêt à prendre son vol ?

Apparition délicieuse, qui en un instant dissipe les sombres pensées que m'avaient suggérées les tableaux précédents.

Elle regarde le Sahab de son œil langoureux et tend sa main minuscule; après une petite collecte, le papillon replie ses ailes et va porter plus loin le charme de sa jeunesse et de ses sourires.

Le soir, je me dirige vers le théâtre hindou. La salle est comble et le parterre est des plus intéressants; l'orchestre est sommaire et ne compte que quelques violes. Le rideau se lève et la pièce se déroule aux applaudissements des spectateurs.

La voix nasillarde des acteurs, leurs mouvements brusques et désordonnés, particuliers au théâtre oriental, n'en soulèvent pas moins les applaudissements.

La scène est exiguë et le décor représente une clairière aux couleurs vives. Dans le fond, la forêt brossée à grands traits laisse à désirer au point de vue de la perspective. Et cependant, les spectateurs sont en extase devant cette profusion de couleurs.

La pièce représente l'enlèvement d'une jeune fille; rôle qui, en l'occurence, est tenu par un jeune garçon. Après de nombreuses péripéties, et les vibrantes apostrophes du fiancé, qui semble vouloir s'élancer dans la salle, c'est le départ pour la recherche de la jeune fille, qui est enfin retrouvée. Le retour des amants, leur joie de se voir réunis, tout cela exprimé avec une intonation et des gestes quasi furibonds, suscite l'allégresse générale.

La langue la plus répandue est l'hindoustani; à côté d'elle se trouve un dialecte appelé Ourdou, parlé aux environs de Delhi. L'hindoustani dérive immédiatement du sanscrit, qui est la langue sacrée des Hindous; cependant, son alphabet est arabe, et on y trouve également bon nombre de mots tirés des langues arabe et persane. Son usage date de l'époque du Grand Mogol, qui domina l'Inde en 1526.

L'anglais demeure la langue officielle; on parle de plus différents dialectes, tels que le bengali, le tamoul, le cinghalais, etc...

La propreté méticuleuse et l'ordre qui règnent à Bombay, sont tout à l'éloge de la domination anglaise. D'ailleurs, les Anglais n'ont rien changé à leurs habitudes; sur le bord de la mer, le Club de Bicoullah voit, le soir, se réunir les officiers et les principaux fonctionnaires. Vers cinq heures, une promenade très agréable est le lieu de rendez-vous de toute la fashion anglaise; les dames parsies font assaut d'élégance et le voile blanc, à liseré d'or, qui les recouvre de pied en cap, ne fait que rehausser leur teint mat et l'éclat de leurs yeux.

La coiffure du parsi, faite d'un cuir noir et brillant, n'est, en somme, que l'ancienne mître que portaient les Perses, il y a 3.000 ans.

Un des spectacles les plus curieux de Bombay est le lieu consacré à la Vénus Aphrodite. C'est une longue rue, magnifiquement éclairée, telle une immense foire; un bruit assourdissant de tam-tams et de violes, emplit l'oreille du voyageur qui se fraie, avec peine, un passage au milieu d'une foule immense de curieux déambulant de part et d'autre. De chaque côté de la rue, se trouve une file interminable de maisons, dont la façade ressemble à un éventaire; là, des jeunes femmes, assises dans une pose hiératique, couvertes de leurs plus beaux atours, s'exhibent, telles des idoles. Leur front est marqué de signes rituels et leur immobilité est presque absolue.

Tokio, au Japon, met ses mousmés en cage dans son Yoshiwara; par contre, Bombay offre à l'étalage ses houris les plus capiteuses.

Mais, le temps s'est écoulé et le *Dumbea*, de la British India, va lever l'ancre en route pour Bassorah. Le devoir m'appelle et je quitte avec le plus grand regret cette terre merveilleuse de l'Inde, sans avoir eu le temps de visiter celle des rajahs et ses villes magnifiques, Haïdérabad, Jeypore la rose, Delhi, Agra et Bénarès.

Déjà, le *Dumbea* est en route et salue la terre de son pavillon. En cette saison, la Mer d'Oman est calme et le vapeur file à bonne allure dans la direction de Kurachee, où nous ferons escale le surlendemain. Nous avons à bord des banians de Mascate, des Arabes, des Parsis et des Persans qui vont s'égrener tout le long des côtes du Golfe Persique.

Kurrachée, une des principales villes de l'Inde, est le port de la province du Sindh; un chemin de fer la relie à Haïderabad.

La ville proprement dite, se trouvant à une bonne heure du port, je me hâte de débarquer pour en inspecter les curiosités. Seule, sa ménagerie, installée dans un magnifique jardin, est digne d'attention, car elle renferme de beaux spécimens de tigres du Bengale. Leur cage très spacieuse, est située au milieu d'un bosquet d'énormes bambous; dans cette température torride, les félins semblent ne pas subir la captivité. A côté d'eux, se trouvent des singes de grande taille, un ours énorme de l'Himalaya, au pelage brun, dont les griffes longues et effilées le mettent à l'abri de l'attaque des grands fauves. On y voit aussi de nombreux oiseaux; des toucans au bec formidable, dont la mandibule supérieure, carrée à la base, semble un soc de charrue; des marabouts, etc...

Cette ménagerie possède, en plus, une très belle collection de vipères. Les reptiles, enfermés dans de solides cages de verre, vont et viennent sous les yeux du spectateur. A côté de la vipère naja, à lunettes, très répandue aux Indes, se trouvent de nombreuses vipères noires, de longueur et de grosseur différentes, dont la morsure entraîne la mort plus ou moins rapidement. La plus impressionnante, à mon sens, est la vipère cornue (vipera arietans), sa longueur est de 0 m. 80 et son diamètre moyen de 0 m. 06. Elle a deux petites protubérances audessus des narines. Son œil noir, flamboyant, suit le visiteur sans répit, et de sa tête, elle heurte furieusement les parois de sa cage de verre. Sa morsure, si des précautions immédiates ne sont pas prises, peut entraîner une mort quasi foudroyante.

Aux environs de la ville se trouve une lagune où les gavials fourmillent; ces animaux sont sacrés pour les Hindous; nul, ne saurait donc, même les effaroucher.

Le *Dumbea,* ayant terminé ses opérations à Kurrachée, fait route vers Mascate. Le lendemain, de fort bonne heure, une barrière de montagnes noires se dresse devant nous; sur les hauteurs se dessinent déjà les forts de la ville et le pavillon rouge du Sultan de Mascate flotte au sommet. La passe reste invisible de la haute mer; arrivé à quelques encablures de la côte, le paquebot laisse arriver sur tribord et la ville s'offre inmmédiatement à nos yeux. Le port est assez réduit; cependant quelques navires sont à l'ancre.

Je cherche, en vain, le pavillon français; il y a déjà longtemps que les Anglais nous ont évincés du Golfe Persique et les Messageries Maritimes, qui desservirent ces parages, furent obligées de céder le pas et de disparaître.

On m'informe, à bord, que le Consul de France est en villégiature aux environs, et comme notre séjour dans le port est de peu de durée, je n'ai pas le loisir de descendre en ville. Sur le port, au premier plan, s'aperçoivent une forteresse, le palais du Sultan de Mascate, la Douane et la Résidence du représentant de S. M. Britannique.

D'ailleurs, des évènements ultérieurs me permettront de parler plus amplement au lecteur de la capitale de l'Oman.

Quelques heures après, le paquebot se dirige vers la côte persane et jette l'ancre les jours suivants dans les rades de Djask et de Bender Abbas. Après avoir doublé le Cap Masendam et l'île d'Ormuz, où se dressent les ruines d'un magnifique château fort datant d'Albuquerque, le *Dumbea* s'arrête à Lindja et à Bender Bouchir.

Le voyageur, venant des Indes, y trouve un changement complet. Nous sommes en Perse, et la proximité des montagnes a fait modifier les costumes;

on y voit de vastes bonnets de fourrures et des vêtements moins sommaires qu'à Bombay. Toutes ces villes persanes ont un grand mouvement commercial, car elles desservent l'intérieur de la Perse.

Les Persans sont musulmans chiites, c'est-à-dire schismatiques. En effet, à l'encontre des Arabes et des Turcs, ils désavouent la sunna ou tradition, ne reconnaissent pas les Compagnons du Prophète, comme les véritables détenteurs du pouvoir spirituel et temporel de Mahomet, et réclament pour son gendre Aly et ses fils, Hassan et Husseïn, la succession directe du Khalifat.

Leur langue est d'origine aryenne, dérivée du sanscrit; l'alphabet est arabe et de nombreuses locutions, en cette langue, s'y trouvent employées. L'emphase du persan adoucit la rudesse de certaines lettres gutturales.

La philosophie et la poésie persane sont des modèles de littérature et les œuvres de Hafiz, le Gulistan de Saâdi, l'Anveri Soheili ou fables de Bidpay, le Chah Nameh de Firdousi et le livre du Perroquet ou Touti Nameh, sont un régal pour l'orientaliste.

Après avoir fait escale à Koweit, futur point terminus du chemin de fer Constantinople-Bagdad, et quitté le Golfe Persique, le *Dumbea* s'arrête à Mohammerah, petit port situé sur le Chott el Arab.

Nous sommes en Mars, et le fleuve, gonflé par l'apport des eaux du Tigre et de l'Euphrate, semble un bras de mer, Sa largeur me paraît être de 8 à 900 mètres. Les deux rives sont couvertes d'immenses palmeraies qui s'étendent d'ailleurs jusqu'à Gourna, à 60 kilomètres plus haut.

A peine sommes-nous ancrés à Bassorah, que le Service de Santé vient, aussitôt, à bord du *Dumbea*; après un examen sommaire des passagers, nous sommes envoyés au lazaret afin de purger une quarantaine de dix jours.

Le lazaret, situé au milieu des palmeraies, offre un séjour agréable, mais se trouvant trop exigu, bon nombre de passagers sont installés sous des tentes; des soldats d'infanterie turque montent la garde autour du campement, baïonnette au canon.

J'ai pour compagnon un riche persan qui va à Kerbela; poète et musicien, à son heure, il sait adoucir les rigueurs de la détention.

Les jours s'écoulent sans à-coups; un silence solennel pèse sur le lazaret, interrompu seulement par le piaillement des moineaux et le gazouillis des hirondelles.

Ma présence ne les effarouche nullement et un couple est en train de construire son nid dans un angle du plafond. Le travail est bientôt achevé; je vois à l'empressement des hirondelles que le refuge de leurs amours est prêt à recevoir la couvée tant désirée. Un matin, je suis étonné de voir l'appartement envahi par d'autres hirondelles; sur une solive, le couple accroché au nid pousse des cris de désespoir. Mes yeux se portent dans cette direction, et, à mon grand étonnement, j'aperçois deux têtes de moineaux, les yeux enflammés, les becs en position de défense, interdisant l'entrée du nid dont ils venaient de s'emparer.

Il est à présumer qu'ils en guettaient depuis quelques jours l'achèvement, pour en prendre possession en véritables socialistes. Les hirondelles de renfort se contentent de voleter de ci de là, effarouchées; exaspérées de tant d'audace et lassées de crier, elles disparurent. Le couple infortuné partit, en désespoir de cause, à la recherche d'une nouvelle installation.

Libéré aujourd'hui, j'abandonne le lazaret avec plaisir et me dirige vers la ville, à la recherche du Consulat. Le Consul de France étant absent, je parcours, en barque, la ville de Bassorah, qu'on surnomme la Venise de l'Orient. Au moment de la crue du Chott el Arab, les canaux qui divisent la ville sont inondés et la circulation serait impraticable sans embarcations et de nombreux ponts volants. Les chaleurs estivales y sont intolérables; la vase, l'humidité et les moustiques ajoutent encore à l'horreur de la situation; ce qui ne saurait rappeler en rien l'ancienne capitale des Doges.

Un bateau à roues de la British India, part demain matin pour Bagdad; aussi, je passe la nuit à bord. Un bruit insolite me réveille, je me mets à la fenêtre et le paysage se déroule devant mes yeux. Nous sommes en route depuis l'aube; à droite et à gauche du Chott el Arab, s'allongent des forêts de dattiers.

Notre navire qui traîne deux allèges accolées à ses flancs, marche à petite allure. Spécialement aménagé pour cette navigation fluviale, son fond est plat et cale fort peu. Les cabines et la salle à manger sont en superstructure et fort bien installées en vue des chaleurs torrides de l'été.

La plupart des voyageurs sont à destination de Gourna, de Kout el Oumara et Bagdad. Nous avons, de plus, à bord, la relève de 25 cipayes, pour la garde du Consulat général anglais à Bagdad.

Au fond, je suis enchanté de la circonstance, car, à cette époque, les eaux du Tigre commencent à baisser; un échouage est toujours possible et on m'a conté qu'un des steamers de la Compagnie, s'étant mis à la côte, les Arabes riverains l'avaient envahi, pillé; de plus, l'équipage ayant résisté avait été massacré.

Cette nuit, nous avons passé Gourna, qui est le point de jonction du Tigre et de l'Euphrate; peu après, le navire remonte le Tigre, en modérant encore son allure. Le fleuve forme une suite interminable de méandres; l'eau a baissé considérablement et un marin, à l'avant, jette la sonde toutes les minutes, annonçant à haute voix la profondeur du fleuve.

Nous n'apercevons plus de palmiers; le navire poursuit sa route onduleuse et ne saurait ralentir l'allure pendant la nuit; tous les feux sont éteints et le capitaine se dirige parfaitement, car, la teinte plus sombre des berges est pour lui le meilleur point de repère.

Trois jours se sont écoulés; la chaleur est très élevée et des colonnes énormes de poussière sont soulevées par le simoun. Nous nous arrêtons quelque peu, pendant la nuit, à Kout el Oumara. Le lendemain, de nombreux Arabes, hommes et femmes, presque nus, courant le long des berges, nous insultent et nous menacent.

De guerre lasse, ils abandonnent la poursuite, car le steamer suit inlassablement sa route.

Quelques heures plus tard, il s'échoue à vingt mètres du bord.

Aussitôt, un grand rassemblement d'Arabes se forme. Ayant aperçu, de loin, la fumée du vapeur, ils sont arrivés rapidement, en vue de le piller, si possible. Ils gesticulent, crient et quelques-uns se mettent à l'eau.

L'équipage est préparé à les recevoir, car les cipayes ne se sont pas montrés. Mais l'alerte a été donnée; les Arabes regagnent la rive et peu à peu la cargaison ayant été mieux arrimée, le navire reprend sa marche.

Point n'est besoin, à mon avis, d'aller en Papouasie pour voir des sauvages; le désert de Mésopotamie en fournit d'horribles spécimens.

Nous passons aujourd'hui devant les ruines de Clésiphon; un arche immense, vestige d'un palais assyrien, se tient encore debout et semble défier les siècles. Enfin, le cinquième jour, nous apercevons Bagdad, dans le lointain.

La ville des Califes nous apparaît, peu à peu, dans toute sa splendeur; le soleil fait resplendir les dentelles de ses minarets et étinceler l'or de ses coupoles. Semblables à des fleurs monstrueuses celles-ci dominent les palmeraies environnantes et rappellent au voyageur ébloui qu'Haroun Erraschid et Zobeïde ont courbé la tête sous leurs voûtes.

Le steamer vient d'accoster; avant de débarquer, je remercie le Capitaine des soins et des attentions qui m'ont été prodiguées à bord; je le félicite, en même temps, de sa présence d'esprit au moment de notre échouage.

Le Consul de France, M. Rouet, prévenu de mon arrivée, vient à bord et m'offre l'hospitalité au Consulat. J'accepte de grand cœur, car Bagdad, comme bon nombre d'autres villes d'Orient, n'a pas d'hôtellerie.

Après tant de vicissitudes, je retrouve une grande paix au Consulat, et je m'occupe, sans désemparer, de former la caravane qui doit me conduire à Mossoul.

Entre temps, j'ai été présenté par M. Rouet, au Résident anglais et aux autres Consuls. Je suis frappé, en arrivant à la Résidence anglaise, de voir l'appareil et le faste qui y sont déployés. Des cipayes montent la garde de nuit et de jour; un nombreux domestique est au service du Résident et ses appointements sont très élevés.

La comparaison n'est pas possible avec notre Consulat, et les Arabes, qui ne se fient qu'aux apparences, doivent avoir une bien faible idée de la grandeur de la France.

J'y vois un indice de plus de nôtre renoncement en fait de politique extérieure, et j'en suis humilié.

Je viens de parcourir la ville; j'ai vu ses mosquées qui attestent encore la magnificence des Califes; ses bazars, encombrés de bédouins, de banians, offrent à l'œil un spectacle incomparable; il est difficile de se faire une idée approximative de la splendeur que dut offrir la capitale des Abbassides, au moment où la civilisation arabe atteignait son apogée.

La ville est située par 33° de latitude N. et 42°5 de longitude E.

Le Tigre, qui l'arrose est large et roule des flots paisibles, jaunes et limoneux; on le traverse sur un pont de bateaux, qui s'ouvre au moment de la crue et dont les deux parties semblent tenues à la rive par des charnières. A ce moment-là, le fleuve considérablement grossi est dangereux; on emploie des embarcations spéciales appelées: couffas; fabriquées avec des tiges et des fibres de palmiers agglomérées avec du bitume, elles ont une forme ronde et sont complètement inchavirables. Le nautonnier les dirige à la godille et vous conduit en diagonale à destination.

Ces couffas sont d'origine assyrienne, car, les bas-reliefs qui ont été mis au jour nous les montrent transportant des passagers paisibles ou des troupes qui vont à l'assaut.

Huit jours se sont ainsi écoulés à Bagdad, et ma caravane est complétée. Il y a toujours de grosses difficultés pour traverser le désert; d'abord, la recherche des moukres ou conducteurs, l'achat des tentes et objets de campement, puis les vivres; une litière ou takht rawan, portée par deux mules vigoureuses, me servira pour le repos pendant les marches de nuit et de jour; quelques armes sont indispensables. De plus, sur les instances du Consul de France, le Gouverneur général a mis à ma disposition un lieutenant de cavalerie et quatre gendarmes à cheval, qui me serviront d'escorte jusqu'à Mossoul.

En effet, le désert n'est jamais sûr; de nombreuses bandes de bédouins pillards le traversent en tous sens. Malheur à la caravane qui n'est pas suffisamment protégée.

Je vais en compagnie de M. Rouet remercier le Gouverneur général de son amabilité, et quelques heures après, ma caravane traverse le Tigre et remonte sa rive gauche.

Notre première halte est à Chériat el Bey. Pendant que la tente est dressée, le cuisinier est déjà à ses fourneaux. Un dîner frugal m'est servi, auquel je fais grandement honneur, en compagnie de l'officier que j'ai invité à ma table. Après le café et quelques instants de conversation, l'officier se retire et le camp s'assoupit.

Notre petite troupe se monte déjà à plus de quinze personnes; tout le monde est armé et je pense que nous pourrions, en cas d'attaque, opposer encore une certaine résistance. Mais, la nuit est des plus douces et je dors à la façon des bienheureux.

Le lendemain, au matin, à peine l'étoile du berger s'est-elle montrée à l'horizon, qu'un grattement à la tente me réveille; c'est mon domestique qui m'informe que l'heure du départ a sonné. En un instant, la tente est démontée, roulée, empaquetée sur une des mules et la caravane reprend sa marche.

Trois jours se sont succédé sans incident. Nous avons dépassé Kalaât Djedida, et Touta; non loin de là, sont les ruines d'Ophis, que je ne puis apercevoir, car le Tigre nous en sépare.

A partir de Touta, la caravane abandonne le fleuve et suit le sentier tracé dans le désert. Nous sommes en Avril, et la chaleur est accablante; le simoun souffle par intermittence, et le cinquième jour, qui est une des plus rudes et plus longues journées de marche, nous apercevons, à gauche, les coupoles dorées de Samara.

Le soir même, nous campions en face de Takrit, sur le bord du fleuve. A peine installés, un coup de vent formidable secoue ma tente comme un fétu de paille; tout le monde se camponne pour la retenir; nombre de papiers, de journaux, que j'avais étalés s'envolent, tels des papillons et vont, à mon grand regret, se jeter dans le fleuve.

Le lendemain matin, dès l'aube, le campement est levé; jusqu'ici, rien d'anormal ne s'est passé. Le lieutenant et moi augurons d'une excellente traversée; cependant, ces parages sont très isolés et ont été le théâtre de bien des drames. Vers 10 heures, la chaleur redouble; l'air surchauffé semble sortir d'une fournaise. Les mules ont ralenti le pas; les gendarmes, eux-mêmes, habitués cependant aux vicissitudes du désert, semblent sommeiller sur leurs selles et les chevaux couverts d'écume allongent mollement le cou.

Tout-à-coup, j'aperçois, au fond du ciel, une oasis merveilleuse; des minarets et des coupoles se dessinent à mes yeux. C'est le mirage dans toute sa beauté. Une forêt de palmiers semble frémir dans l'air et, l'imagination aidant, peut-être serons-nous à l'oasis dans une heure et nos souffrances auront un terme.

Mais, la route s'allonge indéfiniment et un quart d'heure plus tard, tout s'est évanoui. Nous sommes en plein désert; sur le Tigre, dans le lointain, s'estompent çà et là quelques bourgades; par conséquent, en examinant la carte, j'estime que ce sont les coupoles et les minarets de Samara, distante de 70 kilomètres, que le mirage nous a fait entrevoir.

Le mirage est quotidien dans le désert et, nombre de fois, il m'a été permis de le constater dans ma traversée de Bassorah à Bagdad. Que de caravanes trompées par le mirage décevant, se sont égarées et ont succombé à la soif.

Pour nous, l'illusion n'est pas possible, aussi nous suivons invariablement notre route.

Cependant, au milieu de cette lassitude générale, je ne saurais m'empêcher de veiller; deux ou trois fois, mon attention a été attirée par des éclairs brillants partis de l'extrême limite de l'horizon. J'en fais part à l'officier qui se met à observer le désert; puis, il se concerte avec les gendarmes, qui partent en éclaireurs, au galop. Quelques minutes après, nous sommes environnés d'une dizaine de bédouins, montant des chevaux merveilleux; leur face est voilée. Ils sont armés d'une lance longue à peu près de six mètres, appelée chelfa; c'est un long bambou, durci, dont l'extrémité supérieure porte une houppe de bandes de laine multicolores, au milieu de laquelle est fixé le fer. Celui-ci, poli et brillant, a 0 m. 25 de long; les éclairs qu'il projette, lorsqu'il est frappé par les rayons du soleil, décèlent à plusieurs lieues la présence des Bédouins. C'est le phénomène qui m'avait précédemment inquiété. Ils portent, de plus, un sabre installé entre la cuisse gauche et la peau de mouton qui leur sert de selle.

Les Bédouins s'étant arrêtés, après nous avoir enveloppés, plantent leur lance en terre par la partie inférieure qui porte un fer conique *ad hoc*, et parlementent avec l'officier. Ayant appris que c'est le Consul de France à Mossoul, les Arabes saluent et font demi-tour.

Il m'est difficile de décrire la beauté de cette troupe de Bédouins, montés sans étriers sur des chevaux arabes de sang. N'ayant pour éperons qu'une petite pointe retenue au talon par des courroies, le licol enserrant le museau du cheval, ils filent alors à bride abattue, la lance sur l'épaule, et disparaissent à nos yeux dans un tourbillon de poussière.

Il est probable que la vue des Maüser des gendarmes les a ramenés à une saine compréhension de la situation et que la retraite leur a paru préférable.

Je ne saurais préciser à quelle tribu pouvait appartenir ce détachement en patrouille. Les déserts de Syrie et de Mésopotamie sont, en effet, traversés en toute saison, soit par des tribus sédentaires qui changent de pâturages, soit par des tribus nomades et pillardes, toujours en lutte entre elles et en conflit avec le Gouvernement turc.

Les Chammar, les Anezé, les Rouala, se partagent la domination de ces parages désertiques et se livrent des combats sanglants. La tribu des Rouala semble posséder la plus belle race de chevaux arabes. La jument, qui est ordinairement très recherchée, a son pédigree, tout comme l'étalon. Elle a, quelquefois, plusieurs propriétaires et l'un d'eux ne saurait s'en dessaisir sans un accord commun. Il est plus facile de se procurer un étalon, mais à un prix exhorbitant. La beauté de ces animaux est incomparable; le feu qui les anime, le lustre de leur robe, leur perfection des naseaux à la queue, forme un tableau saisissant que seul le pinceau peut reproduire.

Elevés dans le désert, nourris à l'occasion de dattes et de lait, de longs jours s'écoulent quelquefois avant que le maître puisse les amener au bord d'une rivière d'eau pure; leur sobriété et leur endurance tiennent du prodige, alors que le simoun transforme le désert en une fournaise ardente, dont la température peut s'élever à 65° centigrades.

Nous avons traversé aujourd'hui le petit Zab à gué; peu après, Kalaât Chergat nous apparaît; près de là, sont les ruines d'Assour, une des anciennes capitales de l'Assyrie.

Le neuvième jour de marche nous amène à Nimroud, ruines assyriennes, et le lendemain nous traversions le pont de Mossoul.

Mon collègue, M. Santi, que j'avais informé de mon arrivée à Bagdad, vient à ma rencontre, accompagné du personnel du Consulat et du Supérieur des Dominicains. Ils me souhaitent la bienvenue et je suis heureux de mettre un terme à leur trop longue attente.

Le lecteur m'a accompagné dans cette longue randonnée sur la planète, de Paris à Mossoul, se chiffrant par 14.000 kilomètres; puisse-t-il en avoir goûté tout le charme et vouloir bien accorder au voyageur un repos mérité.

CHAPITRE IX

Sommaire : Départ de M. Santi. — Description de Mossoul. Ninive. — Les Pères Dominicains. — Musulmans et Chaldéens. — La Chasse. — Réceptions. — Les Sauterelles. Départ de Mossoul.

Le lecteur a pu voir dans les débuts du chapitre précédent quelles étaient les raisons qui m'avaient fait prendre la route du sud pour gagner mon poste; de ce fait, je subis un retard d'un mois, car j'avais compté sans le voyage en zigzag à travers le Golfe Persique et les dix jours de quarantaine à Bassorah. Mais, comme la fin justifie les moyens, je trouvai que Monsieur et Madame Santi m'avaient attendu patiemment et que les affaires du poste n'avaient nullement souffert de ce retard intempestif.

M. Santi, après m'avoir présenté au Gouverneur de Mossoul, et aux principales autorités, fait ses adieux et se met en route pour Nisibin, Biredjik et Alep, à travers le désert de Mésopotamie.

Je vais l'accompagner à une certaine distance de la ville avec une délégation des Dominicains; après une dernière poignée de main, sa caravane s'enfonce dans le désert, et notre cavalcade fait demi-tour.

Cette séparation à l'orée du désert a toujours quelque chose de triste et de poignant. Les amis qu'on vient saluer s'en vont à l'aventure dans ces solitudes, toujours à la merci de quelque coup de main ou d'un accident inattendu.

Me voici donc installé à mon nouveau poste.

Le Consulat est une maison vaste et de construction persane. C'est un quadrilatère divisé en deux par une haute muraille. Une petite porte, basse fait communiquer les deux parties de l'immeuble.

La première partie ou biroun, donnant sur la rue, comprend le poste des janissaires et les écuries. Dans certaines maisons, le biroun est des plus agréable. Des sycomores y projettent leur ombre, une fontaine jaillit au milieu et serpente sous la feuillée. Des paons et des grues cendrées circulent sans crainte et s'approchent familièrement du visiteur.

Dans les demeures musulmanes, ce poste qui peut être transformé en salon sert au maître de la maison à recevoir les visiteurs; la seconde partie du logis ou endéroun est réservée au harem et à la cuisine.

Dans cette deuxième partie du Consulat, qui renferme un patio avec jardin, et une promenade couverte à colonnades, j'ai installé la salle à manger, le salon de réception et les bureaux de la Chancellerie.

Le patio renferme encore un sélamlik, où l'on peut recevoir l'été, à l'air libre. Au premier étage sont mes appartements et au-dessus, une vaste terrasse dont les hautes murailles ne permettent pas de jeter un coup d'œil indiscret, des terrasses voisines.

De nombreux pigeons ont établi leurs quartiers sur l'entablement de la colonnade, transformant ainsi le Consulat un une immense volière; le tout dominé par le mât de pavillon. Mon collègue m'a vendu son écurie, qui compte une jument de race, gris pommelé, portant le doux nom de Nedjma (étoile, en langue arabe).

Mossoul, capitale du Vilayet du même nom, compte à peu près 60.000 habitants. Elle est bâtie sur la rive droite du Tigre, en face de l'emplacement de l'ancienne Ninive, et est située géographiquement par 36° de Latitude N. et 41° de Longitude E. Entourée de murailles qui tombent en ruines en certains points, Mossoul ne saurait offrir une résistance quelconque au point de vue stratégique. Un pont important reliait les deux rives du Tigre, mais il a été, en partie, détruit par les crûes du fleuve qui en a emporté de nombreuses arches; force fut donc de recourir à un pont volant sur bateaux qui s'ouvre, au moment de la crû et isole, pour quelque temps, un des faubourgs de Mossoul, Nebi Younis, bâti sur la rive gauche.

Nebi Younis s'élève sur un tertre qui fut, dit-on, l'emplacement occupé par le harem de Sennachérib, avant la destruction de Ninive. Cette construction, comprise dans les murailles de l'ancienne capitale de l'Assyrie, dominait le Tigre.

Depuis lors, le fleuve s'est retiré vers l'Ouest de 300 mètres environ et laisse à sec, le côté de cet immense quadrilatère de murailles qui enserrait Ninive, et qui n'est plus aujourd'hui qu'un monticule où l'herbe folle pousse à loisir, recouvrant, de ci de là, quelque gigantesque statue de taureau à tête de satrape, portant la tiare et la barbe roulée au petit fer, que les dévastateurs ont épargnée et que M. Botta, Consul de France à Mossoul en 1843, n'eut pas le loisir d'enlever.

Une petite rivière qui serpentait dans Ninive, roule encore doucement ses eaux et baigne les soubassements d'un pont qui semblait réunir les palais du Satrape à son harem; palais dont l'architecture, étonnante, a été reconstituée par l'illustre Botta.

Jusqu'ici, le Gouvernement turc et la population kurde fanatique, qui habite Nébi Younis, n'ont pas consenti à laisser exécuter des fouilles sérieuses, sous le village. Il y a, en effet, la mosquée à sauvegarder, mais, nos archéologue ne sauraient être arrêtés pour si peu. Nébi Younis doit renfermer sous cette butte de terre des trésors de paléographie et d'archéologie.

Ninive fut, en effet, incendiée et ses murailles, sur le sommet desquelles circulaient librement les chars de guerre, furent démolies; l'écrasement de ces masses énormes de terre forme encore de nos jours un large parapet, recouvert d'un manteau de verdure.

Le voyageur qui, du sommet des tertres, voit ce qui reste de l'ancienne et somptueuse Ninive, ne peut s'empêcher de songer tristement à la vanité des choses, de se figurer cette grande cité, en flammes, ses habitants soumis aux plus horribles tortures ou emmenés en captivité, alors que le Satrape averti, sombrait, avec sa puissance, dans les festins et l'orgie.

Deux mille cinq cent quarante-deux ans se sont écoulés, et le muezzin, indifférent devant tant de catastrophes, appelle les fidèles à la prière du haut du minaret de Nébi Younis.

La majeure partie des habitants de Mossoul se compose d'Arabes, parmi lesquels se trouvent de nombreuses familles Kurdes.

L'élément musulman est donc en majorité; à côté de lui, se trouvent des Chaldéens, du rite catholique. A leur tête, se trouve Monseigneur Joseph, leur Patriarche. Ce prélat, d'une distinction parfaite, ayant séjourné à Rome, parle, avec la plus grande facilité, la langue française et nous est dévoué.

Revêtu de ses habits sacerdotaux, Monseigneur Joseph a fort grand air; la noblesse de ses traits, légèrement bronzés, la fixité de ses yeux noirs et profonds, jointes à une barbe noire opulente, semblent le faire sortir des bas-reliefs de Khorsabad.

Le cérémonial des grandes fêtes religieuses chaldéennes est le même que celui des catholiques; seules, les paroles liturgiques sont chantées et dites en syriaque.

Nos relations sont des plus courtoises et sincères; lors des fêtes concordataires, le Consul de France assiste, en grand uniforme, à l'office de l'Eglise Chaldéenne.

Nous avons, de plus, à Mossoul, une Mission des Pères Dominicains. Installés depuis de longues années dans le Vilayet, les Pères ont plusieurs maisons réparties sur ce territoire et leur zèle pieux s'étend sur toutes ces pauvres populations chrétiennes, arméniennes ou chaldéennes, disséminées dans le désert.

A côté de la Mission, qui occupe une grande superficie de terrain, se trouve le Couvent des Sœurs de Saint-Vincent-de-Paul. Nombre de petits chrétiens sont hospitalisés au couvent, et reçoivent les mêmes éléments d'éducation et d'instruction que les autres enfants chaldéens plus fortunés, qui suivent les cours de l'école. Ayant présidé, une fois, aux examens de fin d'année, je me retirai satisfait des progrès réalisés par ces jeunes élèves, et félicitai la Supérieure du résultat des examens.

Les Pères de leur côté ont une école fort bien tenue, qui admet un nombre considérable d'élèves. Le couvent s'est adjoint une imprimerie qui publie, en arabe et en syriaque, des livres d'histoire religieuse et de piété. C'est, certainement, l'imprimerie la plus remarquable qui existe de nos jours, en ce genre.

Cette petite colonie française vit, à Mossoul, à l'ombre du pavillon tricolore, et fait son possible pour rendre service au Consulat. Aussi, nul conflit n'est à redouter avec les autorités ou la population, qui reconnaissent avec sincérité les bienfaits que leur apporte la présence des religieux français.

Aussi, la besogne du Consul est des plus simples. J'en suis enchanté, car, en cas de contestations, je n'aurais nulle aide à attendre de l'Ambassade; le lecteur se souvient que ma dernière entrevue avec M. Constans fut, en effet, des plus fraîches.

Le commerce de Mossoul est fort restreint ; c'est, plutôt, un lieu de transit pour les marchandises allant en Perse ou à Bagdad et vice-versa. La difficulté des communications est une entrave sérieuse au développement de Mossoul, seul, le chemin de fer de Constantinople à Bagdad pourra faire sortir la ville de sa torpeur.

C'est donc par caravanes, que se font tous les échanges, la voie fluviale étant fort peu employée; cependant, en amont et en aval de Mossoul, on fait usage du kélek ou radeau, surtout pour les voyageurs.

Le kélek est formé de poutrelles accouplées, dont la flottabilité est assurée par des outres gonflées d'air. Le radeau, tel un plancher, supporte une légère habitation qui met le voyageur à l'abri.

Les nautonniers le maintiennent dans le courant, à l'aide de longues perches. Ces kéleks descendent, quelquefois, jusqu'à Bagdad. Arrivés à destination, le bois et les outres sont vendus, et les matelots retournent dans leurs foyers, par la plus prochaine caravane montante.

Les mœurs et les coutumes des habitants de Mossoul ne diffèrent pas sensiblement de celles de leurs congénères des autres Vilayets.

Le costume des femmes leur sied beaucoup, et celui des bédouines, bien que sommaire, ne manque pas non plus d'élégance. Elles sont simplement revêtues d'une longue jupe à traîne, faite d'un gros drap bleu; cette jupe est longuement échancrée sur la poitrine. Les manches en sont très larges; leur tête est recouverte d'un voile fait de la même étoffe.

Leurs bras, leurs poignets et leurs chevilles portent des anneaux de cuivre; un petit anneau d'or est suspendu à la narine et leur corps entier, d'une souplesse et d'une grâce infimes, est tatoué sur les deux faces, suivant une ligne médiane, de figures géométriques et de dessins d'une précision absolue. Circulant nu-pieds, dans le désert, s'occupant de tous les travaux, elles sont, pour le voyageur, une apparition biblique.

Les visites officielles échangées avec le Gouverneur général sont empreintes de cordialité; les relations, en effet, ont toujours été amicales entre le Vilayet et le Consulat.

Nous sommes aux premiers jours d'Avril, et le simoun a fait son apparition; il souffle par rafales et l'on recherche le coin le plus obscur de la maison. Les nuits sont assez pénibles, mais n'ont rien de comparable à celles de la Mer Rouge.

Quoi qu'il en soit, Mossoul, ne possédant aucune curiosité, force est de se rabattre sur les promenades à cheval. A cet égard, je suis servi à souhait. Tout le monde est cavalier à Mossoul; les chevaux abondent et la campagne environnante se prête à de belles excursions, dans une périphérie cependant assez restreinte, car l'apparition d'une troupe de maraudeurs kurdes est toujours à redouter, et les portes de la ville sont closes au coucher du soleil.

Aussi, dès que les circonstances le permettent, accompagné d'un janissaire à cheval, du personnel du Consulat, du Supérieur de la Mission et de quelques domestiques, j'explore, avec ma cavalcade, les environs de Mossoul; Koyoundjik, où se trouvent les ruines de Ninive, nous attire particulièrement, car les alentours en sont boisés et verdoyants.

Le Tigre, qui a 400 mètres de large en face de la ville, déborde au moment de la crue et fertilise toute la campagne. A l'époque assyrienne, l'irrigation était intense et le rendement de ces terres d'alluvions, considérable; la récolte d'orge était triplée dans une année, et la Mésopotamie était le grenier de la Chaldée et de l'Assyrie.

Les fêtes de Pâques ont eu lieu; des messes solennelles ont été dites à l'Eglise des Dominicains et à l'Eglise Chaldéenne, auxquelles je suis tenu d'assister en grand uniforme. Un concours énorme de fidèles chaldeens était présent à ces cérémonies; les souhaits qui m'ont été prodigués par ces douces populations chrétiennes m'ont causé de la joie, car le renom et le génie de la France me semblent inséparables de l'Eglise.

Je suis souvent invité à la Mission et il m'est très agréable de me trouver à déjeuner avec les Pères; le repas frugal qui m'est servi, leur conversation intéressante, me rendent inestimable l'heure passée au milieux d'eux, car l'isolement du Consul, à Mossoul, est complet, et n'étaient les chevauchées et les parties de chasse, je me sentirais, par moments, en proie à un ennui mortel.

Juin est venu et le simoun a cessé de souffler; bien que la chaleur soit toujours très forte, elle ne saurait m'empêcher de me livrer à la chasse, qui est mon sport favori.

Mossoul est le paradis du chasseur; le sanglier, la gazelle, le lièvre, le renard gris, le lynx, le chacal, l'hyène, s'y trouvent en quantité; le loup s'y montre, parfois, en hiver, alors que la faim le fait descendre des montagnes du Kurdistan.

Parmi la gent ailée, on y trouve l'aigle, le vautour, la buse, la perdrix, le kata ou perdrix grise, le francolin, l'oie, l'outarde, le canard, la sarcelle, le ramier et la tourterelle par vols infinis.

Les indigènes chassent fort peu : quelquefois, cependant, ils chassent à courre la gazelle et le lièvre, soit au lévrier, soit au faucon; tout cela, avec force cris et hurlements.

Deux fois par semaine, en compagnie d'Aziz Effendi, secrétaire du Consulat, je parcours les environs de Mossoul; c'est alors une débauche de cartouches, une hécatombe de gibier. Quelques coups à petits plombs, suffisent pour fournir à la Mission et au Couvent des Sœurs des brochettes monumentales de petits oiseaux.

Plusieurs fois, nous sommes allés à la chasse au sanglier; ces animaux remuent, en une seule nuit, des hectares de terrain. A cet effet, mes gens creusent des trous, installent au fond quelques nattes, plantent des fascines sur les rebords de la fosse, et, par clair de lune, tapis au fond de ces silos, nous attendons patiemment les pachydermes. Alors, un concert diabolique surgit tout autour de nous; les chacals, invisibles, poussent des cris sur tous les points de la plaine et les hyènes y mêlent leurs vagissements.

Ce concert suffit à tenir les sangliers en garde; nous nous retirons au point du jour, bredouilles, courbaturés et transis.

On trouve également à Mossoul beaucoup d'oiseaux migrateurs; la cigogne niche en Juin sur les coupoles et les minarets des mosquées, sur de vieilles maisons en ruines; un passereau, au plumage vert, aux ailes bordées de jaune et de bleu, fend l'air en zigzag, à la vitesse d'une flèche; l'hirondelle y est abondante et très familière. Dans nos chevauchées à travers la plaine, nous sommes suivis d'une escorte d'hirondelles qui nous pressent, nous entourent, passent sous le ventre des chevaux et happent les mouches au passage.

En Juillet, un merle de petite taille, tout moucheté de points blancs, fait son apparition. Juché sur le rebord des terrasses, il amuse par ses sifflements et les chants divers qu'il module, imitant, à s'y méprendre, l'hirondelle et le rossignol. Le soir, ces merles, réunis par milliers, gagnent un petit bois pour y passer la nuit; c'est une vague noire qui va, vient, volète, çà et là, avec la violence du vent soufflant en tempête. La nuit arrive et le silence se fait tout-à-coup.'

Le martin-pêcheur, qu'on trouve à Mossoul, est d'assez belle taille, et fort intéressant à observer. Tout en se promenant à deux ou trois mètres de hauteur, au-dessus de la surface de l'étang, il en observe le fond. Dès qu'un poisson arrive à la surface, le martin-pêcheur s'arrête, volète sur place et se laisse tomber comme la foudre sur sa proie qu'il transperce de son bec long et acéré. Ayant ainsi harponné le poisson, il se pose sur la rive ou sur une branche, pour en débarrasser son bec et le manger.

A une lieue de la ville, sur la rive droite du Tigre, se trouvent deux monastères en ruines: Mar Youssef au nord, et Mar Sabâ, au sud. C'est là, qu'est le point de ralliement, après nos courses dans la plaine ondulée et rocailleuse de Mossoul.

Ce terrain pierreux, favorable à la perdrix, cache également un bandit redoutable; je veux parler d'un lézard jaune, ayant 0 m. 80 de longueur. Il chasse, lui aussi, la perdrix, dissimulé derrière une grosse pierre; sa tête triangulaire seule, émerge, immobile, et ses yeux scrutent l'horizon. Une malheureuse perdrix vient-elle à passer, elle est saisié et étranglée incontinent. Le lézard étant également très friand de la couvée, c'est avec un vif sentiment de plaisir que nous fusillons le pirate.

De plus, le Tigre est assez poissonneux; on y trouve même un requin de petite taille, provenant du Golfe Persique.

Le 14 Juillet, une réception officielle a eu lieu, selon l'usage, au Consulat; les autorités turques sont venues m'apporter leurs félicitations; les Dominicains et les Sœurs m'ont présenté leurs hommages; les principaux Chaldéens, précédés de leur Patriarche, ont offert au représentant de la France leurs humbles souhaits.

Le soir, je réunissais à ma table S. B. Monseigneur Joseph, le Supérieur de la Mission, quelques Pères et le Personnel du Consulat.

L'hiver est survenu, amenant avec lui son cortège, le froid et la pluie. Bien que la neige soit rare à Mossoul, le vent glacial venant des montagnes du Kurdistan rafraîchit l'atmosphère et la pluie me contraint à rester confiné au Consulat. Les heures de chancellerie s'écoulent très vite, et je me trouve bientôt seul à errer sous le péristyle du patio; les colonnades me semblent les barreaux d'une cage monstrueuse où je me meus à la façon des félins.

Les frimas m'interdisent l'accès de la terrasse que dominent de hautes murailles; je n'ai plus qu'un pan de ciel, au-dessus de moi, pour tout horizon.

Seules, mes gazelles, aux yeux vifs, font résonner le Consulat du bruit argentin de leurs grelots. Elles viennent, en trombe, me mendier du sucre ou une cigarette, et s'esquivent de même, en ruminant la précieuse solanée.

Je possède de plus quelques pigeons culbutants. Ces volatiles sont originaires de Mésopotamie; la voltige aérienne est leur occupation. En effet, le pigeon s'élance verticalement, en pivotant sur lui-même et faisant heurter les extrémités de ses ailes; arrivé à une vingtaine de mètres de haut, il fait plusieurs sauts périlleux en arrière et regagne le sol en décrivant des orbes gracieuses et symétriques. La vue de ces acrobates, incomparables ne laisse pas de me dérider un peu.

Cet hiver monotone s'écoule tristement et c'est avec joie que je vois arriver les beaux jours. Ces régions ne connaissent à peu près que deux saisons, l'été et l'hiver. Février venu, la campagne est déjà couverte de fleurs. Le Tigre, gonflé par la fonte des neiges, déborde et la campagne est inondée. Seules, les hauteurs offrent un tableau enchanteur.

Ce n'est certes pas le désert de sable autour de Mossoul; de vastes terrains sont cultivés où l'orge, le blé, le maïs, des légumineuses y poussent avec vigueur.

Le vieux couvent de Mar Youssef offre une villégiature choisie. Je fais dresser ma tente à proximité, car, bon nombre de familles chaldéennes y sont déjà installées.

Le sol est recouvert à perte de vue d'un tapis de pâquerettes, de coquelicots et de crocus. L'endroit, dominant le Tigre, est assez élevé, aussi le pavillon tricolore se déploie et frissonne sous cette brise printannière.

Toute la plaine de Mossoul s'étend à mes pieds et le fleuve, tel un ruban argenté, serpente au milieu d'un océan de verdure.

Une quinzaine de jours s'écoulent ainsi et je savoure les joies du printemps fugitif de Mésopotamie.

Le simoun souffle déjà et la campagne est devenue un brasier intense; du jour au lendemain, ce tapis de fleurs a disparu, annihilé sous la caresse brûlante du vent.

Un matin, alors que je procède au nettoyage de mes armes, un bruit insolite attire mon attention. On dirait un train de marchandises passant au loin sur un viaduc. Le bruit se rapprochant à chaque instant, je sors de ma tente pour inspecter la campagne. Une ombre épaisse commence à se répandre tout autour de moi, le couvent est devenu tout à fait sombre, et je vois, en effet, haut dans le ciel, un long ruban noir qui s'étend au-dessus de la plaine. C'est une invasion de sauterelles. Ce ruban, qui forme de nombreux replis, doit avoir 1.500 mètres de long, sur 100 de large et 0 m. 50 d'épaisseur. Des milliards de sauterelles amenées du sud-ouest par le simoun, évoluent au-dessus de la campagne et cherchent un endroit propice pour atterrir. Non loin de ma tente, se trouve un terrain où l'orge a poussé des tiges de 0 m. 50 de hauteur. En un instant, une partie du vol des sauterelles s'abat dans le champ. Chaque tige porte une vingtaine d'insectes. Cinq minutes après, le champ était rasé.

Je demeure pétrifié devant une pareille dévastation; personne d'ailleurs, n'a inquiété les acridiens. Le propriétaire du champ l'a laissé à la garde d'Allah; à son retour, en constatant la disparition de sa récolte, il dira que Dieu l'a voulu ainsi.

Cependant, les sauterelles continuent leur œuvre; les tiges d'orge ont totalement disparu et le bruit produit par les mandibules, tranchant et broyant, est très appréciable. Maintenant, le festin est terminé et l'orgie commence.

Les insectes revêtus, pour ainsi dire, d'un heaume et d'un corselet d'acier, semblent se défier du regard; leurs yeux jettent des éclairs et une lutte sans merci, va se livrer devant moi, pour la possession des femelles. Les mâles font vibrer leurs ailes et lancent de terribles ruades, de leurs talons munis de pointes acérées. Ce sont des froissements, des crissements; des pattes, des ailes et des cuisses entières sautent çà et là, sous le coup de cisaille des mandibules. La femelle reste impassible; elle contemple le spectacle et agite doucement ses tentacules.

Plusieurs vainqueurs se précipitent. La palme revient au plus robuste et au plus agile; d'ailleurs, son enlacement brutal et reptilien lui assure la victoire.

Brisé par tant de fatigues et d'émotions, une heure après, le mâle tombe foudroyé. La femelle l'abandonne à son triste sort et repart pour assurer le gîte des futurs petits acridiens.

Pendant ce temps, le vol des sauterelles n'a cessé de s'abattre et de dévorer les récoltes; plusieurs jours, le ciel de Mossoul s'est trouvé obscurci par les vols innombrables de ces insectes, qui, peu à peu, se sont disséminés et ont disparu dans le désert.

Le Gouvernement turc ne s'est jamais inquiété des ravages commis par les sauterelles. Cependant, en Algérie et en République Argentine des mesures ont été prises pour enrayer le fléau.

Le criquet peut, en effet, être détruit; mais, la grosse difficulté est de s'attaquer à l'insecte parfait sans nuire aux récoltes. Des moyens efficaces peuvent être employés, mais je laisse cela à la sagacité des savants.

Malgré ma bonne volonté, je sens que je ne pourrai surmonter la dépression produite en moi, par l'isolement. Le seul remède, est le départ; aussi, sans plus tarder, je demande un congé qui m'est immédiatement accordé.

Mon successeur, étant désigné, et mes préparatifs de voyage terminés, après avoir dit un adieu ému aux Pères de la Mission, à tous ces aimables Chaldéens, qui n'avaient cessé de m'être agréables pendant mon séjour à Mossoul, ma caravane s'enfonce de nouveau dans le désert de Mésopotamie, se dirigeant vers Damas.

La traversée étant longue et hasardeuse, le Gouverneur général de Mossoul m'a donné, pour me conduire à destination, une escorte de six gendarmes et un lieutenant de cavalerie qui répond de ma personne.

CHAPITRE X

SOMMAIRE : La caravane dans le désert. — Traversée du Sindjar. — Les Yézidis. — Les puits. — Les sauterelles. Le simoun. — La source. — Deïr Ezzor. — La chasse aux gazelles. — Sokhna. — Tayyibié. — Les Bédouins. Palmyre. — Arrivée à Damas. — Les ruines de Baalbek.

Ma caravane comprend un nombre considérable de gens; l'escorte, les domestiques, les moukres ou conducteurs pour les mules portant tous les objets de campement, les malles et colis, les sacs d'orge, les provisions; plus, une mule spéciale portant l'eau douce pour mes juments qui ne sauraient s'accommoder de l'eau saumâtre des puits que nous allons trouver en route; deux conducteurs spéciaux qui tiennent perpétuellement en mains les mules véhiculant ma litière; quelques voyageurs se sont joints à nous. C'est donc un long défilé d'hommes et d'animaux, qui serpente dans la plaine, suivant la mule capitane, qui rallie à elle tous les traînards, grâce à la clochette qui ne cesse de tintinabuler à son cou.

La caravane avance au pas accéléré; je porte des sandales kurdes, spécialement faites pour la marche, mais au bout de quatre heures de route à cette allure, mes pieds semblent alourdis et je suis obligé de monter à cheval ou de m'accroupir dans ma litière. Je ne puis m'empêcher d'en admirer les conducteurs; car ils vont faire pendant vingt-deux jours, à la même allure, les 620 kilomètres qui me séparent de Damas. Dès leur plus tendre enfance, ils parcourent le désert dans toutes les directions, et ils m'assurent qu'à leur arrivée à Damas il leur faut regagner rapidement Bagdad, ce qui sera pour eux un nouveau trajet de 800 kilomètres.

La vigueur de leurs jarrets est prodigieuse et certains coureurs arabes, porteurs de messages, ont, paraît-il (avant l'installation des chemins de fer), couvert des distances en si peu de temps, que l'imagination inquiète ne peut se résoudre à en accepter la véracité.

Ma première halte est sur les bords du Tigre. La nuit, bien qu'un peu pluvieuse, est calme et le lendemain, dès l'aube, la caravane se met en route et oblique vers le sud-ouest, pour rejoindre les montagnes du Sindjar, dont quatre jours de marche nous séparent.

Nous sommes en Juin, et les chaleurs sont déjà accablantes dans cette partie du désert. Le simoun souffle presque quotidiennement; cependant, ce n'est pas le désert de sable, bien que nous en soyions saupoudrés; la caravane, en somme, après avoir quitté le désert de Mésopotamie, suit, jusqu'à destination, les confins du Hamada ou désert de Syrie.

La terre que nous foulons n'est pas improductive; une broussaille de couleur bleu tendre la recouvre jusqu'à perte de vue, et le ciel et la terre se confondent à l'horizon dans une teinte azurée.

Je suis la caravane à pied, et voici que ma jument vient de heurter, de son sabot, une touffe d'herbe; un petit oiseau, au plumage bleuâtre, s'enfuit à tire-d'aile. Je m'approche et j'écarte, avec précaution, les branches d'un arbuste. Au pied, se trouve un nid minuscule, semblable à celui de nos chardonnerets; mais il est tout bleu et contient quatre œufs, également tachetés de points bleus. Je reste confondu d'admiration devant cette preuve nouvelle de la bonté du Créateur, qui a bien voulu dissimuler ainsi le petit oiseau et sa couvée.

Ce nid, construit à quelques pouces du sentier, battu par des caravanes innombrables, ne peut être détruit. Les sabots des chevaux et des animaux de bât le frôlent à chaque instant et cependant l'oiseau se trouve en sûreté, car le bruit et le mouvement suffisent pour écarter les rôdeurs; l'instinct, chez lui, a prévalu une fois de plus.

Plus loin, je trouve une colonie de sauterelles

géantes; elles ont 0 m. 10 de long, 0 m. 02 de diamètre, et des mandibules énormes; mais elles ne possèdent que des rudiments d'ailes, et je suis à me demander ce que seraient les dégâts commis par de pareils monstres ailés, parcourant la campagne à l'allure d'un express, eu égard à la dévastation commise par les sauterelles ordinaires.

Au campement, une escouade de scarabées sacrés roule fièvreusement vers une destination inconnue, et par un miracle d'acrobatie, la tête en bas, des pilules patiemment attendues dans le voisinage des mules.

Les montagnes du Sindjar se rapprochent et le cinquième jour, au matin, nous les serrons de près, sans cependant suivre la route nationale. Le passage est très dangereux, car les populations sauvages qui habitent la montagne sont les Yézidis ou adorateurs du diable.

La montagne est orientée du S.-O. au N.-E.; c'est une énorme gibbosité du désert, qui a 130 kilomètres d'étendue; elle est assez boisée et sa hauteur moyenne varie entre 4 et 500 mètres. De nombreux villages sont perchés sur les contreforts. Sindjar, la ville principale, est le siège d'un caïmakam turc.

Il est entendu que le Gouvernement turc, considérant ces populations comme hérétiques, ne cesse de les harceler et de les décimer. Des combats sanglants se livrent fréquemment entre ces montagnards toujours armés et la milice turque, et le désert reste le témoin muet de sombres drames et de scènes de sauvagerie.

Dès que ma caravane a été aperçue, les laboureurs posent la pioche, prennent leurs fusils et nous canardent à 800 mètres. Les balles pleuvent autour de nous, dans un sifflement ininterrompu; c'est miracle que personne ne soit atteint. L'officier et les gendarmes se précipitent pour aller parlementer. La fusillade s'arrête et les montagnards, tenus en respect, nous laissent poursuivre notre route. Nous campons, plus tard, dans un petit village; le Cheikh arabe nous fait bon accueil et nous invite au repos.

Mes gendarmes sont tenus en éveil, car des gens armés rôdent autour de nos tentes; quelques heures après, grâce à la faveur de la nuit, nous levons le campement et fuyons ce coin inhospitalier.

Les Yézidis sont sauvages et idôlâtres. Le culte qu'ils vouent au diable (cheïtan, en arabe), l'esprit du mal, est pour se le concilier. Les rites sont des plus rudimentaires et consistent en invocations, faites au moment du lever du soleil.

L'astre vient d'apparaître à l'horizon et déjà les montagnes du Sindjar s'estompent au loin dans la plaine. La caravane marche à une vive allure et s'enfonce, de plus en plus, dans le désert, dans la direction du village de Deïr Ezzor, sur l'Euphrate, qui est à cinq jours de marche.

C'est l'isolement absolu; la même plaine, recouverte de broussailles bleues, s'étend devant nous, à l'infini.

De temps en temps, le terrain devient rocailleux, des monticules bordent l'horizon et la caravane les franchit sans difficultés, tant elle a hâte d'arriver à la halte qui lui est assignée.

Un blockhaus, abritant quatre soldats turcs, se profile dans la plaine; il assure la protection du puits d'eau saumâtre où viennent se ravitailler les caravanes. Les soldats sont heureux de voir des visages amis; ils s'empressent autour de nous et boivent avec délices la tasse de café qui leur est octroyée.

L'eau du puits, conservée avec tant de ferveur, est saumâtre, nauséabonde; une forte odeur d'acide sulfhydrique s'en dégage et cependant les mules et les chevaux des gendarmes, après avoir renâclé un peu, se mettent à la boire. Nedjma, ma jument, et sa compagne, ont un sursaut de dégoût; force est de leur donner de l'eau pure que nous conservons depuis Mossoul dans des outres.

Trois jours vont encore s'écouler avant que nous n'arrivions à une source d'eau potable et notre provision s'épuise par évaporation dans ce désert surchauffé. La situation commence à m'inquiéter, mais les moukres et mon palefrenier me tranquillisent, comptant sur la sobriété des animaux.

Le puits qui est situé près du campement, est construit en marbre blanc; la margelle est parfaitement travaillée. Il est à supposer qu'il a été bâti par les Phéniciens, grands voyageurs et commerçants, dont les caravanes sillonnaient le désert, il y a 2.600 ans; sa profondeur est d'une vingtaine de mètres et les bords de la margelle portent des entailles profondes de 10 à 15 centimètres, faites par les cordelettes amenant l'outre pleine d'eau du fond du puits.

A l'aube, le campement est levé; nous disons adieu aux soldats turcs, après leur avoir laissé quelques provisions, et ce n'est pas sans inquiétude que j'envisage les trois journées de marche que nous allons faire sans trouver un seul puits. La désolation est complète; cette partie du désert, parcourue par des bédouins hostiles, n'est pas sans dangers.

Avant le départ, j'ai conféré avec le chef de poste et le lieutenant Adil bey; aucun indice ne leur faisant supposer une agression, nous nous mettons en route. La piste étroite escalade parfois des rochers de granit et la brèche, faite par le fer des animaux, profonde et polie, ne livre passage qu'à une seule bête de front.

Les Phéniciens, les Perses, les Assyriens, les Egyptiens, les Grecs, les Romains, les Arabes et les Turcs, se sont rués dans toutes ces directions à tour de rôle, ont suivi la même route et se sont désaltérés au même puits d'eau saumâtre.

Evocation troublante qui fait défiler devant mes yeux les enseignes de tous ces peuples, se mêlant aux aigles romaines et à l'étendard vert du Prophète.

Pour plus de sûreté, avant d'installer le campement, nous abandonnons la piste et nous nous enfonçons dans la plaine, à deux kilomètres à droite. La clochette de la mule capitane a été enlevée; c'est donc dans le plus grand silence que nous gagnons la halte. Les tentes ne sont pas dressées et un petit feu de charbon des plus réduits réchauffe le café. Je me glisse dans ma litière. Adil bey, ayant posé les sentinelles, s'enroule dans sa couverture et le sommeil s'étend sur la caravane.

A une heure du matin, tout le monde est debout; les mules sont chargées immédiatement à la lueur douteuse des étoiles et à marche forcée nous nous dirigeons vers le sud-ouest.

A 10 heures du matin, une halte est obligatoire; les bêtes sont surmenées; de plus, la ration d'eau a été diminuée.

Deux jours se sont écoulés ainsi; nous avons encore une journée de marche pénible et peut-être une nuit d'alerte; après-demain, s'il plaît à Dieu, nous arriverons à la source.

Le désert a gardé son immobilité absolue; la brise seule rompt la monotonie de ces solitudes. La journée a été des plus pénibles, car le simoun souffle sans cesse. Cependant, la nuit s'est passée sans encombre et, déjà, Sirius apparaît radieuse à l'orient. Adil bey nous accorde un peu plus de repos; nous avons dépassé la zone dangereuse et c'est avec une profonde allégresse que la caravane poursuit sa route.

Le simoun souffle aujourd'hui du sud, avec une grande violence; il est à peine 8 heures du matin et la journée s'annonce torride. Devant nous, un brouillard traîne sur le désert. Cependant, je ne saurais en définir sa composition; tantôt il s'élève, tantôt il s'abaisse. Un peu plus tard, nous aurons l'explication de l'énigme; nous allons traverser un banc formidable de sauterelles. Elles sont sur leur lieu d'origine; déjà, le vent les pousse peu à peu sur nous; elles nous entourent, nous environnent. La caravane distingue à peine sa route. Des paquets de sauterelles, survolant des milliers de criquets, nous barrent la route, heurtant le poitrail de nos chevaux et des mules, qui les écrasent, les broient, les mettent en bouillie, car le sol en est recouvert d'un tapis de 0 m. 05 d'épaisseur.

Une odeur nauséabonde empuantit l'atmosphère; les sauterelles se sont noyées par milliers, dans des flaques d'eau saumâtre, attirées par le miroitement du liquide. Notre avance est des plus pénibles; enfin, après une demi-heure de marche, la caravane se trouve dégagée.

Il n'est pas douteux que ces sauterelles, poussées par le simoun, n'arrivent à couvrir en quelques heures les 250 kilomètres à vol d'oiseau qui les séparent de la plaine de Mossoul.

La caravane a ralenti le pas, car la chaleur est accablante; mes gens et les cavaliers se sont voilés la face pour ne pas respirer cette haleine de fournaise. Mais, une lueur de contentement brille dans tous les yeux; nous venons d'apercevoir, au loin dans la plaine, une surélévation de terrain qui renferme la source tant convoitée.

Déjà, deux de mes cavaliers sont partis au triple galop, et disparaissent. Nous les rejoignons un peu plus tard; désaltérés, ils sont accroupis en contemplation devant un ruisselet d'eau fraîche qui serpente çà et là, et va se perdre un peu plus loin dans la plaine.

Le mouvement est unanime, instinctif; hommes et bêtes se précipitent et boivent avec délices. Les mules encore chargées de leur bât, en ont oublié la pesanteur; seules, les mules de la litière, ont donné beaucoup de mal pour être contenues et dételées avant leur arrivée à la source.

Notre joie est sans bornes; mes conducteurs, mes domestiques, tous musulmans, rendent grâces à Allah. Le campement est immédiatement dressé; la bouilloire, destinée au café, susurre délicieusement et je fais distribuer double ration à toute la caravane, car, le lendemain, nous devons arriver à Deïr Ezzor, sur l'Euphrate.

Après avoir pris quelques instants de repos, je vais, avec Adil bey et un domestique, inspecter la source même, située à l'entrée d'une caverne. Nous descendons cinq à six marches de marbre et nous nous trouvons en face d'une citerne en maçonnerie; l'eau qui s'écoule au dehors semble au voyageur altéré, venir du paradis.

Les marches, en pierre dure, sont usées par les innombrables sandales qui, depuis toute éternité, les ont gravies.

La construction est parfaite; je ne saurais affirmer si elle est phénicienne ou romaine, car je n'y ai relevé aucune inscription, mais elle peut défier les siècles.

La caravane réconfortée repart le lendemain, dès l'aube, et vers midi, une dépression de terrain nous annonce le voisinage de l'Euphrate. Peu après, nous sommes sur les bords de ce grand fleuve, dont les eaux limoneuses vont, après des méandres infinis, rejoindre le Tigre et se jeter avec lui dans le Golfe Persique.

L'Euphrate, à Deïr Ezzor, est large de 400 mèmètres et profondément encaissé; il n'y a nulle trace de pont. Un bac sert à transporter les chevaux, voyageurs et marchandises. Mes gens hèlent les passeurs. Une heure après, toute la caravane avait traversé l'Euphrate et campait sur ses bords, au milieu de l'oasis de Deïr.

Le pavillon tricolore, hissé près de ma tente, claque au vent et les couleurs flamboient au soleil.

La ville de Deïr Ezzor, située sur la rive droite de l'Euphrate, est le chef-lieu du Mutessarifat du même nom; elle compte une quinzaine de mille âmes. Le lieu est enchanteur, en sortant du désert où le simoun, le bédouin, le rôdeur et la soif, harcèlent celui qui parcourt ces régions désolées.

Le Mutessarif de Deïr, informé de mon arrivée, envoie un officier me souhaiter la bienvenue et me prier de lui indiquer l'heure à laquelle je pourrai le recevoir. Je fais savoir au Gouverneur que sa visite me sera agréable sur l'heure, si c'est possible.

Peu après, le Mutessarif, accompagné de quelques cavaliers, se présente; l'entrevue toute cordiale, dura une demi-heure; je l'entretiens de l'incident qui a eu lieu, en cours de route, dans la montagne du Sindjar. Le Gouverneur me promet de faire part de mes doléances à son collègue de Sindjar, qui fera une enquête.

Le Gouverneur se retire enchanté, et une heure après, accompagné d'Adil bey et de mes cavaliers, je vais rendre sa visite au Mutessarif de Deïr Ezzor, en son Conak.

Nous traversons la ville de bout en bout; des jardins verdoyants, des vergers et des fleurs, charment mes yeux, après ces longs jours de désolation et de fatigues. J'en exprime toute ma satisfaction au Gouverneur; un quart d'heure après, je prends congé du Mutessarif et regagne mon campement.

A peine arrivé, j'y constate une certaine effervescence. Mes moukres réclament un supplément d'avances et refusent de se remettre en route. Ils avaient reçu par contrat, au départ de Mossoul, la moitié de leurs gages et ne devaient encaisser l'autre moitié qu'à Damas.

Après des palabres infinis et comme le reste du trajet est encore très pénible, j'accorde, pour aplanir les difficultés, l'avance de fonds demandée. Le calme revient au campement; sur mon ordre, un mouton est tué; la joie reparaît, car j'entends un trémolo de voix qu'accompagne le grincement d'une petite viole à deux cordes retirée du paquetage qui renfermait les ustensiles de cuisine.

Je reste deux jours à Deïr, pour faire reposer la caravane, et le lendemain, nous nous engageons sur la piste qui nous conduit à Tayibié, distante de 140 kilomètres.

Dix jours se sont écoulés, depuis mon départ de Mossoul, et la route devenant un peu plus sûre, je laisse à Deïr, suivant les conseils du Mutessarif, les six gendarmes qui m'accompagnent depuis Mossoul; quatre nouveaux ont été désignés par le Gouverneur pour m'escorter jusqu'à Damas.

De Deïr à Tayibié, nous avons trois jours de marche forcée. A la première halte, nous trouvons un puits d'eau saumâtre, gardé par des soldats turcs. Ceux-ci nous informent qu'un parti de bédouins a été aperçu à l'extrême limite de la plaine et nous conseillent de laisser la piste à notre gauche.

Le lendemain, conformément aux conseils donnés par le chef de poste, la caravane, allongeant sensiblement sa route, oblique vers la droite, et ce n'est que fort tard, l'après-midi, que nous songeons à prendre un repos de quelques heures. D'ailleurs, nulle installation n'est possible; l'obscurité venue, nous sommes en éveil, et comme les bédouins n'attaquent jamais qu'au petit jour, vers une heure du matin, le campement est levé. Rien n'est signalé à l'horizon, aussi, nous regagnons insensiblement la piste, heureux d'avoir passé la nuit sans incident.

A 11 heures du matin, la halte est ordonnée et vers trois heures nous continuons notre route. Tout-à-coup, un des cavaliers d'avant-garde revient au galop et nous apprend qu'il a aperçu au loin dans la plaine une nombreuse troupe de gazelles. Aussitôt, les mesures sont prises; nos instincts carnassiers reprennent le dessus, et pendant que la caravane continue paisiblement sa route, nous nous dirigeons à bride abattue vers le troupeau, que nous cherchons à encercler. Mais, les mâles faisaient le guet et avaient déjà flairé le danger.

Le troupeau fuit éperdument devant nous, à une allure folle, faisant des bonds gigantesques. Cependant, nous gagnons du terrain, l'amour maternel retient, en effet bon nombre de gazelles, car les petits ne peuvent suivre le train.

C'est avec tristesse que je songe au résultat de notre équipée; malgré tout, revolvers et fusils sont déchargés dans le troupeau qui fuit à la vitesse de la flèche. A ce moment-là, Nedjma met le pied dans un trou de chacal; je vide la selle, révolver au poing, et vais rouler dans le sable à six mètres de là.

Les cavaliers accourent à mon aide; mais je me relève, étourdi par la chute, n'ayant aucune blessure. Plus loin, nous apercevons un cheval isolé, immobile; nous nous dirigeons vers lui, son cavalier est à terre, inerte, insensible. Des compresses d'eau lui sont appliquées; l'Arabe revient à lui et nous conte que sa bête a heurté une pierre et il a perdu connaissance. Malheureusement, je constate qu'à l'arçon de sa selle pendent une gazelle et son petit nouveau-né.

Dès ce jour, je me promis de ne plus attenter à la liberté et à la vie de ces gracieux animaux.

Nous rejoignons ventre à terre la caravane qui, déjà, disparaît aux confins de l'horizon, et le lendemain, nous faisons halte à Tayibié. C'est un hameau, où viennent converger les pistes des caravanes qui se dirigent vers Homs et Hama.

Les habitants, peu habitués à voir l'Européen, entourent notre campement et y jettent des regards furtifs et anxieux.

Le surlendemain, nous atteignons Sokhna, qui est une localité assez considérable.

Peu avant l'arrivée de la caravane, deux gendarmes se détachent et nous précèdent afin de chercher un caravansérail. L'un d'eux revient peu après à notre rencontre et nous conduit vers la ville.

Sokhna est située dans une vaste dépression, en forme de cuvette; une large déchirure en met le fond de plein pied avec la plaine qui s'étend au-delà et que borde une ceinture de collines.

Les maisons construites dans l'intérieur de cette dépression offrent un amalgame extraordinaire de ruines, un dédale de rues en escaliers, pavées de cailloux ronds, que nos bêtes chargées descendent par des miracles d'équilibre.

Les habitants affolés par ce mouvement insolite se tiennent, l'œil hagard, sur les portes.

Après un quart d'heure de marche dans ce labyrinthe, ma suite arrive au caravansérail et je suis conduit, avec mes domestiques, dans une maison particulière qu'un des principaux Arabes de l'endroit a mise à ma disposition.

Cet Arabe vénérable vient me voir et me fait part de sa satisfaction de pouvoir être utile au Consul de France.

La nuit est d'une douceur sans égale à Sokhna; cependant, il me semble que d'énormes rats sont venus me flairer pendant mon sommeil; peut-être, est-ce l'effet d'un songe? Quoiqu'il en soit, au matin, je vais inspecter les bêtes et les gens; malgré les fatigues excessives de la semaine passée, la santé et la bonne humeur sont parfaites au caravansérail, et je continue ma promenade.

Devant moi, s'étend la plaine de Sokhna et ses collines noirâtres.

Le spectacle qui s'offre alors à mes yeux est incomparable.

A mes pieds, une source d'eau pure jaillit et remplit une auge immense en pierre que prolongent de longs abreuvoirs. Des files interminables de chameaux viennent à tour de rôle s'y désaltérer, regagnent leur campement, et serpentent dans la plaine sans se confondre ni se mêler.

Une jeune fille, montée sur le chameau qui est en tête, conduit à l'abreuvoir un nombre considérable de ces ruminants; ses chevilles et ses bras sont ornés de bracelets; ses oreilles portent de magnifiques anneaux d'or. Elle laisse errer ses yeux de gazelle sur le roumi qui ose la contempler. Il me semble voir Lia conduisant à l'abreuvoir les troupeaux de Laban.

Des Arabes bronzés, richement vêtus et armés de leurs longues lances, montant de superbes étalons, font boire leurs coursiers. La plaine est couverte de tentes brunes, en poil de chameau et de nombreux troupeaux de moutons paissent au loin. Chose inconcevable ! Des milliers de chameaux se meuvent et le silence n'est nullement troublé; en effet, le pas feutré de ces ruminants ne parvient pas à l'oreille; mais, de temps en temps, leurs grondements sonores, effroyables, remplissent la plaine et sont répercutés par l'écho.

Les femmes arabes de Sokhna, semblables à Rachel, viennent emplir leurs cruches à la source, avec des poses hiératiques.

Je n'ai jamais vu tableau plus grandiose dans sa simplicité.

Rien n'a changé dans le désert depuis Abraham et je suis tout heureux de pouvoir contempler une de ces scènes bibliques qui se déroulent depuis 3.000 ans.

Déjà, nous avons quitté Sokhna et j'abandonne, avec regret, cette vision exquise du passé. La chaleur est torride; la caravane hâte le pas, car il faut arriver le surlentemain à Palmyre. La route se fait sans incident, et 48 heures plus tard, nous apercevons les collines au pied desquelles dort l'ancienne capitale de Zénobie.

Bientôt, une palmeraie se dessine et des ruines se détachent dans l'azur. Sur notre route, un banc de sel gemme miroite, des jardins verdoyants tranchent sur la teinte monotone du sol. Je reste immobile, profondément ému, devant le chaos de pierres et de colonnes étalé à mes pieds, restes de tant de splendeurs.

Adil bey me tire de ma rêverie, et m'informe que ma tente est dressée à l'abri du Temple du Soleil.

Palmyre, que les Arabes appellent Toudmour, fut fondée par Salomon. Cette ville fut, de tous temps, la halte forcée des caravanes qui se dirigent de Damas ou d'Alep, vers Bagdad.

Au nord, à l'ouest et au sud, des collines assez élevées, surmontées de tours, de distance en distance, encerclent les ruines de Palmyre; on y voit encore les vestiges des murs élevés par Justinien.

La plaine est parsemée de débris, de fûts de colonnes; la double colonnade, qui conduisait à l'agora, subsiste encore, et une colonnade, faisant partie du Temple du Soleil, est encore debout. Le Temple a été transformé en citadelle par les Arabes et les Turcs.

Je me promène, attristé, au milieu de tous ces vestiges qui attestent encore la grandeur de Palmyre.

La reine *Zénobie* y fut toute puissante et osa braver Rome. Battue par l'Empereur Aurélien, elle orna le triomphe du vainqueur; Palmyre fut incendiée et détruite.

Cependant, parmi tous ces débris, un petit temple subsiste encore; des colonnettes élevées sur un soubassement de un mètre de hauteur, supportent un entablement de l'art grec le plus pur. Ce temple minuscule, probablement consacré à Vénus, a résisté à tous les assauts et les tremblements de terre n'eurent pas raison de sa fragilité.

Vingt-quatre heures de repos sont accordées à la caravane. Après cette halte réparatrice, je reprends ma route vers Damas, distante de 260 kilomètres.

Nous quittons Palmyre et la caravane escalade la colline par une échancrure appelée la Vallée des Tombeaux.

C'est là, en effet, que reposaient les riches Palmyrènes; à droite et à gauche de la voie, creusés dans le roc et revêtus d'un stuc éblouissant, se trouvent des sépulcres à plusieurs étages. Des niches existent encore sur les pourtours; elles servaient de logements aux urnes qui contenaient les cendres des défunts. Les plafonds portent en ronde bosse, les portraits des Palmyrènes. Des têtes de femmes coloriées portent les cheveux roulés et calamistrés à la grecque; mais le vandalisme des Arabes s'est complu à leur détruire la face à coups de fusil ou de pierres. Les urnes sont en miettes et la dévastation dans l'intérieur est totale; cependant, je crois avoir vu bon nombre d'inscriptions intactes. Les colonnettes d'ordre ionique sont d'une facture élégante, et tous ces mausolées démolis, ruinés, donnent encore une haute idée de la sculpture et de l'architecture de cette époque.

La caravane descend à vive allure la Vallée des Tombeaux.

Le surlendemain, nous campons à Kariateïn, auprès d'un frais ruisseau; les bêtes broutent l'herbe tendre dont elles sont depuis si longtemps privées, et ma tente est dressée à l'ombre de magnifiques peupliers.

Les montagnes de l'Anti-Liban bornent l'horizon et l'oasis de Damas est à proximité.

Le lendemain, vers dix heures, nous sommes dans la banlieue de la ville; des cascades provenant du Nahr Taoura, affluent du Barada, se précipitent à notre droite et, à onze heures, la caravane fait son entrée à Damas, par Bab Touma.

Cette partie de la ville, habitée par les chrétiens, est très populeuse. Nous sommes en Juillet et la lumière est aveuglante; c'est un coloris intense, un va-et-vient incessant, un chatoiement inouï de couleurs.

Derrière la mule capitane, dont la clochette tinte allègrement, la caravane se fraie difficilement un passage dans cette cohue matinale. Enfin, elle rejoint la rue droite, et le Grand Bazar, où toutes les races se coudoient, puis s'arrête définitivement, après vingt-deux jours de marche, devant l'hôtel Dimitri.

Je remercie le lieutenant Adil bey, des attenlions qu'il m'a prodiguées, puis la caravane est disloquée.

Ma jument, Nedjma, que je ne puis emmener en France, car elle ne pourrait supporter les rigueurs du climat, est vendue avec sa compagne à un riche Damasquin, qui me promet de ne point leur faire regretter les douceurs de leur écurie de Mossoul.

Je fais une dernière caresse à cette bête merveilleuse, qui m'avait accompagné dans un si long parcours au désert, et c'est avec peine que je m'en sépare.

Mais, le temps est précieux; après ma visite au Consul de France, je vois d'anciens amis que j'ai quittés depuis douze ans, et dont le souvenir m'est cher. Je constate, de plus, une grande transformation en ville. Il y règne un mouvement plus accentué; les tramways électriques ont fait leur apparition et c'est un chemin de fer à crémaillère qui relie maintenant Damas à Beyrouth.

Ayant projeté d'aller voir les ruines de Bâalbek, je gagne Zahleh, dans la plaine de la Békaâ.

Zahleh n'est qu'une petite bourgade, située au milieu d'une campagne fertile et verdoyante; une ligne de chemin de fer la relie à Baâlbek.

En compagnie de quelques touristes, je me hâte vers les ruines.

La plaine environnante est recouverte de blocs de pierre, de fûts de colonnes brisées; la dévastation y est considérable. A mon avis, si les guerres successives ont causé des dégâts, les tremblements de terre ont détruit ce qui pouvait subsister encore. C'est la même secousse sismique de 1759 qui ruina Palmyre, Baâlbek, et tant de villes de Syrie et de Palestine.

Baâlbek fut, sans doute, fondée par une colonie phénicienne. Plus tard, les Grecs et les Romains s'y installèrent; en effet, l'Acropole, le grand Temple, les temples de Jupiter et de Vénus, sont des merveilles de l'architecture grecque.

Du Temple du Soleil, il ne reste debout que six magnifiques colonnes d'ordre corinthien, supportant encore un entablement. L'Acropole, malgré les ravages des Arabes, conduits par Abou Obeïda, sub-

BALBECK (TEMPLE DE JUPITER)

siste toujours. A côté, se trouve le temple de Jupiter. On est confondu d'admiration devant l'énormité cyclopéenne de ces masses de pierre et la beauté de l'œuvre.

Le temple, de forme rectangulaire, est entouré d'une magnifique colonnade d'ordre corinthien, le tout en marbre blanc.

Les colonnes d'une hauteur de vingt-trois mètres et de deux mètres de diamètre à la base, supportent un entablement fait d'un marbre d'une blancheur éblouissante. Les blocs épars sur le sol et que le ciseau du sculpteur a fouillés sont de pures merveilles. Des marguerites énormes sont ciselées dans le marbre et chaque pétale est retenu à son voisin par un petit cylindre, invisible d'en bas; chose inconcevable ! les fleurs sont restées intactes dans la chute vertigineuse du bloc de pierre.

Lorsque le voyageur se promène sous le péristyle et contemple l'entablement, il aperçoit des têtes, en ronde bosse, représentant des personnages de l'époque; ainsi qu'à Palmyre, les Arabes se sont acharnés à les détruire, car l'image de la figure humaine est défendue par la loi de Mahomet. Ici, cette dévastation outrageante est l'indice d'une barbarie inutile.

On y voit encore les restes d'un temple dédié à Vénus, où l'architecture et la sculpture grecque se mêlent délicieusement.

Un mur d'enceinte cyclopéen protégeait l'Acropole. En voyant les dimensions colossales des assises de pierre, l'esprit émerveillé se demande avec quels outils ces monolithes de grès rouge furent sciés dans le roc et par quels engins ils furent amenés à leur place actuelle.

La ville se trouve bâtie sur les contreforts ouest de l'Anti-Liban. Des monolithes, extraits des carrières voisines, sont encore là, à-demi enfouis, prêts à être hissés; mais l'envahisseur où le tremblement de terre en ont arrêté l'exécution.

Ces blocs ont vingt mètres de long, quatre mètres de largeur et quatre mètres de hauteur. Leur poids peut être évalué à 60.000 kilos.

Les maçons pouvaient, après avoir dégagé la

pierre, la tailler et la polir; mais, où s'arrête l'imagination, c'est au moment où le bloc va être mis en mouvement, traîné sur un espace de 500 mètres et mis en place.

Je pense, pour expliquer le problème, qu'une chaussée *ad hoc* était construite, pouvant être surélevée au fur et à mesure des besoins. Les bras ne manquant pas, le monolithe était amené à pied d'œuvre sur des rouleaux de fer. Le bloc inférieur lui servant de soubassement était enduit au préalable d'une matière grasse, et le monolithe était amené à la place qui lui était assignée, à force de bras ou de palans; hypothèse gratuite, que justifie cependant la juxtaposition parfaite des blocs.

Je me retirai émerveillé de ma visite à Baâlbek; le lendemain, j'étais à Beyrouth, où un vapeur des Messageries Maritimes me prenait à son bord et me déposait, quelques jours après, à Marseille.

Un mois à peine s'est écoulé, lorsque le Département des Affaires Etrangères m'informe que le titulaire du poste de Mascate, partant en congé, je suis chargé de l'intérim.

Le Sous-Directeur des Affaires Politiques, M. de Beaucaire, ne me cache pas les difficultés du poste où l'influence anglaise est prépondérante.

Comme je l'ai dit, la consigne à Paris est : « pas d'histoires », aussi, je m'en remets au destin pour qu'il écarte de moi la coupe des amertumes.

Ayant accepté, je me retrouvai, quelques jours plus tard à bord du *Calédonien*, des Messageries Maritimes à destination d'Extrême-Orient, et devant faire escale à Bombay.

CHAPITRE XI

Sommaire : Le paquebot *Le Calédonien*. — Les marsouins. Bombay. — Mascate. — Description de la ville. — Le Sultan Seyd Feïssal. — Faune et flore de Mascate. — La population. — Le commerce. — Le Consulat de France et la Résidence anglaise. — Les Boutriers. — Incident de Mascate, mai-juin 1903. — Matrah. — Retour en France. Épilogue.

Le *Calédonien*, malgré une mer un peu dure dans les parages de la Corse, file ses 18 nœuds et maintiendra cette allure durant tout le voyage.

Le paquebot est furieusement secoué parfois, mais, tout indique que passé le détroit de Messine, nous allons trouver un calme relatif. En effet, un soleil radieux de Février fait briller au loin le sommet de l'Etna; le navire roule doucement; c'est un balancement harmonieux sur la surface lisse de la mer. Peu à peu, vers le soir, la brise mollit tout à fait; le navire reprend sa stabilité et poursuit majestueusement sa route.

Nous sommes encore en hiver, et contrairement à ce qu'on aurait pu prévoir, la température de ces parages est assez élevée. Le soir, après le thé, une grande partie des passagers se transporte sur le pont. Tous les sabords sont ouverts; une valse lente part du grand salon et l'harmonie vient expirer doucement au dehors.

Quelques passagères allongées sur des chaises longues, aspirent avec délices les bouffées d'air chaud que la Sicile nous envoie; des Anglais dorment, en chien de fusil, sur des rocking-chairs. Moi-même, installé sur un rouf, je me laisse aller à la rêverie, les yeux fixés sur la mer, qui n'a plus l'immobilité sereine de la journée.

La nuit est profonde; une légère houle se fait

sentir, mais ne saurait diminuer en rien l'allure du paquebot.

Tout à coup, je vois les flots bouillonner; le navire donne de la bande à babord. La mer vient affleurer le pont et embarque par les sabords. Le navire se redresse lentement; un cri général est parti de l'entrepont, et un bruit de vaisselle brisée, des injures, des grondements se font entendre. Je reste à mon poste, muet d'étonnement. Pour la deuxième fois, le navire donne furieusement de la bande; les flots bouillonnants couvrent le pont, se ruent sur les passagers, les roulent sur le pont et les inondent; l'eau envahit les salons d'avant et d'arrière et remplit les cabines de babord. C'est un tohu-bohu indescriptible. Le Commandant, tiré de son sommeil, vient se rendre compte et tombe sur le pont, car le navire ne se redresse que très lentement.

En ce moment, j'estime que si nous sommes assaillis par une troisième vague, le navire ne se redressera plus.

Mais les Dieux tutélaires veillent sur nous; le *Calédonien* se redresse; tous les sabords sont immédiatement fermés et malgré les imprécations des Anglais, les salons sont épuisés à grand renfort de bras et de seaux et tout rentre dans l'ordre.

Dans ces parages, malgré une tranquillité apparente, le navigateur doit être toujours en alerte et se méfier des vagues de fond qui se précipitent sournoisement à l'assaut du navire et peuvent le désemparer.

Le surlendemain, par une matinée ensoleillée, le *Calédonien* se trouve par le travers de la Crète. Une compagnie de marsouins est signalée; les animaux viennent se jouer, autour du navire, et partagés en deux sections, se tenant à hauteur de l'étrave, font, sur une même ligne, des exercices de haute école. Ils plongent ensemble, ressortent et décrivent en l'air une courbe impeccable, pour replonger, croirait-on, au commandement.

Cet exercice se fait au petit galop de chasse, et fait l'admiration des passagers, car le navire file à 40 kilomètres à l'heure.

C'est avec un ensemble parfait d'ailleurs, que les marsouins disparurent.

Notre voyage se poursuit sans incident; la Mer Rouge, l'Océan Indien sont franchis à vive allure et la mer immobile reflète un soleil implacable.

A peine débarqué à Bombay, je fais route pour Mascate, à bord du *Tandjore* de la British India; deux jours plus tard, nous apercevons les falaises qui bordent les côtes d'Arabie.

Mais, avant notre arrivée au port, un spectacle bien curieux s'offrit à nos regards. A quelques encablures du paquebot et dans son sillage, deux cétacés énormes, d'une quinzaine de mètres de longueur, prennent leurs ébats. Ce sont des dugongs, animaux d'une férocité et d'une force redoutables.

D'énormes remous indiquent leurs évolutions; à tour de rôle, ils s'élancent verticalement dans l'air et retombent avec fracas, en projetant l'eau de toutes parts. Mais le navire n'est pas outillé pour une pêche pareille; nous sommes désappointés; le *Tandjore* poursuit sa route et entre peu après dans le port.

Mon collègue est venu me rejoindre à bord; la forteresse salue mon débarquement de onze coups de canon et précédés de nos janissaires, nous gagnons le Consulat.

Le lendemain, je suis présenté à S. A. Seyid Feïssal ben Turki, Sultan de Mascate et à son Vizir. Des visites sont également faites au Major Cox, Résident anglais, au Consul d'Amérique et à quelques personnages influents de la Colonie parsie.

Quelques jours après, mon collègue quittait Mascate.

La ville de Mascate, capitale de l'Oman, est située sous le Tropique du Cancer, par 58° de Longitude E. et 23° de Latitude N.; elle compte à peu près 30.000 habitants; entourée de murailles, détruites en certains endroits, elle est fort intéressante au point de vue historique et archéologique.

Le navigateur partugais Vasco de Gama, dans son périple autour de l'Afrique, à la recherche des Indes Orientales, y accosta en 1498, et peu après Albuquerque, après avoir touché aux Indes, s'empara des principaux points du Golfe Persique. Il fit construire à Mascate des forts qui subsistent encore et dont les caronades portent le millésime de l'époque. De nombreuses pièces de canon gisent dans le sable et disent au regard étonné du voyageur la date lointaine de leur sortie de l'arsenal.

Des combats furieux se sont livrés autour de la ville; des murs se sont abattus et quelques fortins sont démantelés. C'est un chaos immense de pierres et de maisons renversées, ruinées.

La ville elle-même, par sa situation, offre au point de vue géologique des caractères curieux.

La côte entière de l'Oman est bordée de montagnes et de rochers de basalte; des blocs énormes émergent des eaux. A l'époque plutonienne, des bouleversements durent se produire dans le Golfe Persique et l'amenèrent à sa situation actuelle.

Le port de Mascate n'est autre chose que le cratère d'un volcan éteint par une irruption soudaine de la mer, qui pénétra par la fissure servant actuellement d'entrée au port. On peut, en effet, circuler autour de la montagne bordant la mer à l'Est, sur une plateforme de un ou deux mètres de large, au niveau de l'eau; c'était de la lave, du basalte en fusion, figés à l'instant où le cratère s'effondra.

Autour de la ville, se trouvent des collines de silex. La quantité prodigieuse de pierre à fusil épandue, pourrait servir pendant des centaines d'années à battre les briquets des innombrables fumeurs de l'univers. Tout indique une nature bouleversée convulsée par des secousses sismiques et le feu intérieur.

La ville actuelle est bâtie dans un cirque de montagnes, incendiée par le simoun et brûlée par un soleil implacable qui, d'Avril à Août, fait de Mascate un four à reverbère, où le thermomètre accuse 60° sur les parois de la montagne et 40° jour et nuit, dans l'intérieur des maisons.

Cette époque est un supplice perpétuel; on chercherait, en vain, un endroit frais, dans la maison; tout y est brûlant. La nuit, la terrasse semblerait vous offrir un peu de fraîcheur; mais vers 3 heures du matin, des rafales de simoun vous obligent à l'abandonner et à chercher un coin moins chaud où vous puissiez, enfin, trouver par épuisement, un peu de repos.

Au moment de la mousson, une température chaude et humide succède aux ardeurs brûlantes de l'été.

Il ressort que la capitale de l'Oman est le lieu le plus chaud du monde.

La population de Mascate se compose principalement d'Arabes; les Bédouins s'y trouvent en grand nombre, conduisant les caravanes vers l'Hadramout ou El Ahsa. Des Portugais de Goa, des Hindous et des Parsis de Bombay, une colonie de Béloutchis, forment la partie commerçante de la cité.

Des noirs vivent aux environs de la ville, sous des paillottes aux toits pointus; ce petit coin de l'Afrique, enfoui dans la montagne, près d'une plage ensoleillée que baigne le Golfe, me paraît une résidence agréable pour ces déracinés, adonnés à la pêche et à la navigation côtière.

Le costume des Arabes de Mascate est fort coquet. Enveloppés dans de longs et légers caftans de couleur blanche, ils portent à la ceinture un poignard damasquiné, à pointe recourbée; un turban d'étoffe coloriée à franges, les protège contre les ardeurs du soleil et leurs pieds nus chaussent des sandales.

Le costume des femmes est presque identique à celui des femmes du Hedjaz.

Le Bédouin, vêtu d'une façon beaucoup plus sommaire, est toujours armé d'un Martini; ses épaules sont barrées de bandes cartouchières; un sabre court est passé dans sa ceinture, pleine de cartouches, plus, un ou deux vieux pistolets. Le Martini, toujours chargé, est porté horizontalement sur l'épaule, le canon en arrière; le passant interloqué se demande si le fusil manié de cette façon insolite ne va pas partir tout seul.

Cette population flaire le vol, le pillage, la contrebande.

Le mouvement commercial de Mascate n'est pas considérable. L'Inde fournit à l'Oman les matières premières indispensables, car le pavillon de notre marine de commerce ne flotte plus dans ces parages, la British India nous a supplantés dans le Golfe Persique.

L'exportation se borne à quelques produits du pays, dattes, mangues, etc... Le commerce des armes de provenance française et belge se fait sur une grande échelle; elles sont expédiées dans l'intérieur de l'Arabie, en Perse et en Afghanistan.

La végétation y est rare; seul le dattier pousse ses fûts énormes à des hauteurs invraisemblables et son panache se balance à 20 mètres de haut, portant de nombreux régimes de dattes savoureuses.

On y trouve également le manguier, le papayer; quelques cocotiers secouent çà et là leurs panaches desséchés. Parmi les fleurs, on remarque le laurier rose, le tamarix, une variété de sophora à fleurs jaunes dont le parfum exquis, mais insoutenable, embaume de vastes espaces.

Le territoire de l'Oman étant désertique, à part le cheval, l'âne, le chameau, le zébu, on n'y trouve point d'animaux d'espèces variées. Seuls, la hyène, le chacal, peuplent les solitudes.

Le zébu, animal sacré des Hindous, circule librement dans les rues et personne ne saurait y apporter une interdiction quelconque.

Parmi la gent ailée, le moineau et le martinet seuls, affrontent ces températures torrides. De plus, des locaux sont réservés à d'innombrables pigeons, aux frais de la colonie hindoue de la ville.

Mascate possède des puits d'eau douce qui alimentent la population et contribuent à entretenir une certaine végétation.

Le Consulat possède deux jardins contigus, où les dattiers abondent et où l'eau, canalisée, les arrose régulièrement. En ville, des jardins et des plantations de dattiers sont fort bien irrigués.

L'installation du puits est des plus remarquables; sa profondeur est d'une quinzaine de mètres environ.

Ce puits, de forme quadrangulaire est bâti en pierres de taille. Une charpente soutient une poulie dans laquelle circule une longue corde d'une trentaine de mètres de long. A l'une des extrémités est suspendue une outre, d'une contenance de 100 litres environ, qui peut basculer et verser son contenu dans un réservoir *ad hoc*; l'autre extrémité de la corde est fixée à un joug qui accouple deux zébus.

Une excavation creusée dans le sol et formant avec la muraille du puits un angle de 60°, permet aux zébus de monter et de descendre avec facilité. Dès que le servant a fait basculer l'outre, les zébus, guidés par le conducteur, font demi-tour au fond de l'excavation et remontent; l'outre descend alors et se remplit. Les zébus, en descendant, font remonter l'outre, et ainsi de suite.

La manœuvre se poursuit, de jour et de nuit, sans interruption.

Aujourd'hui, j'ai fait ma première visite officielle, en grand uniforme au Sultan de Mascate. Accompagné du Secrétaire du Consulat, j'ai été reçu à la porte du palais par S. A. Seyid Feïssal. Sa garde particulière, rangée sur deux files, formait la haie.

Introduit dans le salon du Sultan, Son Altesse me reçoit fort aimablement. Seyid Feïssal est jeune encore; apparenté aux Sultans de Zanzibar, il allie à la finesse de l'Arabe une bonhommie qui lui sied. Sa tâche est ardue; vassal de l'Angleterre, dont il touche des subsides, il sent l'étreinte formidable de cette puissance, et sait qu'il a aliéné de gaieté de cœur, sa liberté et celle de son peuple, malgré le traité de 1862 passé entre la France et la Grande-Bretagne pour sauvegarder l'indépendance du Sultanat.

Sa conversation, roulant sur des généralités, me paraît attachante; enfin, après m'avoir réitéré tout l'intérêt qu'il porte à mon pays et l'espoir de conserver mon amitié, je prends congé du Sultan et regagne le Consulat avec le même cérémonial.

Le Consulat de France se trouve au milieu de la ville. L'immeuble, peu confortable, n'a aucune apparence et n'est, certes pas, digne du représentant de la France.

Le Consul général anglais, au contraire, a une

magnifique et spacieuse résidence, ayant vue sur le port et pouvant recevoir la brise du large, indispensable à la santé. De plus, il lui est accordé une garde spéciale de cipayes, qui ne laisse pas, aux yeux des habitants, de rehausser le prestige de l'Angleterre. Un croiseur, à la disposition du Consul général, est embossé devant la Résidence.

Le major Cox, gallophobe invétéré, voit donc d'un fort mauvais œil son collègue français.

D'ailleurs, l'installation du Consulat de France à Mascate fut des plus délicates. Mon collègue, M. Ottavi, trouva, lors de son arrivée, une obstruction systématique et une mauvaise volonté notoire chez le représentant britannique.

Les relations furent des plus tendues et l'installation d'un dépôt de charbon pour nos navires de guerre porta au comble l'exaspération des Résidents anglais.

Rien de plus suggestif à lire, que l'ouvrage du publiciste Loval Fraser : *India under Curzon and after*, où le talent de M. Ottavi est simplement appelé : « back stairs diplomacy. »

Soutenus par le Gouvernement des Indes, qui ne connaît aucun obstacle dans sa politique d'expansion, les agents de la Grande-Bretagne ont recours à tous les procédés pour lasser la longanimité du Gouvernement français.

Je continue la série de mes visites officielles en premier lieu chez le Vizir du Sultan, chez le major Cox et le Consul d'Amérique.

La Colonie française, fort restreinte, se compose d'un premier maître de la Marine de guerre, préposé à la garde du dépôt de charbon et d'un négociant français, faisant le commerce des armes.

Aux environs, au sud de Mascate, à 80 kilomètres de distance, se trouve le village de Sour.

Sour, abrite une colonie de Comoriens, protégés français. Ce sont des navigateurs faisant le grand cabotage entre l'Inde, Zanzibar, la Mer Rouge et le Golfe Persique. Leurs boutres battent pavillon français; leur livre de bord et le rôle d'équipage leur sont délivrés par les Consuls de France à Zanzibar, Djeddah et Mascate.

Le Gouvernement anglais faisant la police de l'Océan Indien et du Golfe, ne voit pas sans frémir le pavillon français flotter dans ces régions. Systématiquement, il accuse nos protégés de faire la contrebande des armes et la traite. Les vexations sont continuelles et le rôle d'équipage donne toujours matière à récriminations, concernant la traite clandestine.

Telle est la position du Consul de France, en matière politique, vis-à-vis du Sultan de Mascate et du Résident anglais.

Mascate possède également un office quarantenaire dirigé par un médecin anglais et un lazaret installé, non loin de la ville, pour les voyageurs de provenance indienne ou de diverses localités contaminées.

Quelques jours après, Seyid Feïssal me rend ma visite, avec le cérémonial usité.

Des visites en uniforme me sont également faites par le major Cox et le Consul d'Amérique.

Je me félicite de la tournure prise par les événements, car je suis déjà paisiblement installé depuis un mois et nul incident n'est venu troubler ma quiétude. Déjà, quelques-uns de nos navigateurs, de retour du Golfe Persique, sont venus faire viser leur patente et leur rôle d'équipage et rien d'anormal n'a signalé leur présence à Mascate.

Or, un matin, le Secrétaire du Consulat m'informe que le patron d'un boutre français (arrivé de Bombay quelques jours auparavant), qui se trouvait en quarantaine, venait de s'enfuir avec son fils, du lazaret, dans l'intention de gagner Sour.

Immédiatement, et sans en informer le Consul de France, le Résident anglais fit rattraper les fuyards par une vedette du croiseur anglais. La vedette les ramena à bord; de là, ils furent conduits à la Résidence anglaise, interrogés par le major Cox, par le Sultan, et finalement écroués à la forteresse.

Aux yeux du major Cox, nos protégés étaient considérés comme sujets du Sultan de Mascate, par conséquent, il lui paraissait superflu de m'en informer.

Il est facile de voir que les réglements sanitaires sont faits à Mascate pour ennuyer les étrangers et les indigènes, n'étant pas applicables aux fonctionnaires anglais. Il est de fait que nos protégés, échappés du lazaret, allant à bord du croiseur et à la Résidence, devaient les contaminer. Mais, on n'en eut cure.

Entre temps, la ville se trouve en effervescence; les Souriens, protégés français, me font savoir qu'ils arriveront en nombre pour délivrer leurs compatriotes et que, de plus, le pavillon français, flottant sur un boutre dans le port de Sour, a été déchiqueté à coups de fusil par les gens du Sultan.

L'affaire prenant une tournure grave, je demande à M. Delcassé, alors Ministre des Affaires Etrangères, l'envoi d'un croiseur.

L'*Infernet,* qui se trouvait alors à Suez, vient quelques jours après s'embosser devant le palais de Seyid Feïssal.

Un deuxième croiseur anglais fait alors son apparition et le major Cox se montre de plus en plus arrogant.

Devant les refus formels de Seyid Feïssal de me rendre mes protégés et l'attitude provocante du Résident anglais, je demande au Ministre, par télégramme chiffré, c'est-à-dire sous le sceau du secret, de vouloir bien ratifier un ultimatum, contenant certaines mesures sévères, entre autres le bombardement du palais, en vue d'amener, le Sultan de Mascate au respect des traités.

Cette requête fut mal accueillie et m'attira les foudres de M. Delcassé.

Le lecteur ne doit pas oublier que c'est l'époque du triumvirat Pelletan-André-Delcassé.

Le premier, Ministre de la Marine, alors que notre flotte de guerre est tombée au cinquième rang, s'ingénie à la transformer en poussière navale.

Le général André, Ministre de la Guerre, cherche à décomposer notre admirable corps d'officiers, par le régime des fiches.

M. Delcassé, Ministre des Affaires Etrangères, instaure la diplomatie occulte et l'ère des traités secrets. Et comme il y a des cloisons étanches au quai d'Orsay, un Consul pourrait-il être mis au courant des grands faits politiques qui peuvent l'intéresser et le mettre à même de parer aux dangers ?

A ce moment-là, du moins, j'ignore l'entente cordiale qui est élaborée à Paris et ne songe qu'au maintien des règlements et à relever l'insulte faite au représentant de la France et à son pavillon.

En réponse à mon télégramme, le Ministre me fait savoir que je dois sommer une dernière fois le Sultan de mettre en liberté nos protégés. Une scène pénible a lieu à bord de l'*Infernet*; mais le Sultan, fort de l'appui de l'Angleterre, ne se laisse pas intimider par ma sommation et les injonctions du Commandant du croiseur, qui ayant jeté son sabre sur la table, « ne le remettra, dit-il, « au fourreau que lorsque les prisonniers seront « à bord. »

Le Sultan sourit et après son départ, nos protégés furent mis au secret et molestés.

Le Commandant de l'*Infernet* ne recevant aucune instruction précise, je le prie de partir et de regagner sa base dans l'Océan Indien.

Toutes ces humiliations et ces chagrins m'ont affaibli; je me sens en proie à une torpeur indicible et l'appétit disparait. Il me semble que je sombre dans le vide.

Anémié, sans forces, je suis transporté à Sib, petite localité située au nord de Mascate; et là, habitant une paillote en bambous, respirant l'air du large, je reviens à la vie.

Peu après, je m'installe, pour quelque temps à Matrah, village de pêcheurs à proximité de Mascate et possédant une baie remarquable.

Les montagnes qui contournent la baie sont aussi tourmentées que celles de Mascate, car c'est la même origine volcanique.

La ville, habitée par des Arabes et des Sahouaélis, compte à peu près 2.000 âmes.

La plupart sont pêcheurs et s'attaquent principalement au requin, dont l'espèce en est particulièrement redoutable et appelée requin-marteau; sa longueur est de 3 à 4 mètres et sa tête s'évase latéralement au point de présenter l'aspect d'un T ou d'un marteau.

Les Arabes sont friands de certaines parties de sa chair et en recueillent d'autres pour la confection des aphrodisiaques qui sont vendus dans tout l'Orient.

Malgré les chaleurs insoutenables, la population féminine, les enfants, se portent en masse sur la grève, et assistent avec des trépignements de joie au débarquement des requins qui sont hâlés et dépouillés sur place.

De par la disposition, la largeur et l'inclinaison de la plage de Matrah, la construction des boutres de fort tonnage y est possible.

J'assiste de ma fenêtre à la construction d'un magnifique boutre de 300 tonneaux.

Contrairement à ce qui se pratique chez nous, la quille est placée parallèlement à la mer; des accores soutiennent latéralement la carène. Lorsque le navire, à peu près terminé, est prêt à être lancé, il est couché sur le flanc, maintenu par des élingues et repose sur un plancher *ad hoc*, suiffé au préalable.

Au signal donné, il glisse lentement à la mer, accompagné par le chant des charpentiers et le you-you des femmes. Arrivé dans son élément, il se redresse et une caronade, placée sur le gaillard d'arrière, salue le port par trois fois.

Sous ce soleil torride, dans l'agitation de cette population bariolée, le patron du boutre donne ses ordres, et il me semble voir Sindbad, le marin, dans le Conte des Mille et une Nuits.

Ma santé laissant toujours un peu à désirer et ne pouvant plus continuer des relations normales avec le Sultan de Mascate, je demande mon rappel.

Le titulaire du poste, dont je troublais la quiétude d'une façon si intempestive, revient avec la satisfaction de me remettre lui-même le pli ministériel me mettant en disponibilité.

Après une dernière entrevue avec S. A. Seyid Feïssal, je prends place à bord d'un bateau de la British India, viâ Bombay, et les canons de la forteresse m'envoient un dernier salut.

Sic transit gloria...

FIN

ÉPILOGUE

En Août 1905, l'incident de Mascate est porté devant le tribunal d'arbitrage de la Haye.

Malgré les remarques judicieuses fournies par M. Herbette, agent français à la Conférence, et les mémoires juridiques de M. L. Renault, Professeur de Droit international à l'Université de Paris, la Cour d'arbitrage rend une sentence en faveur de l'Angleterre.

C'était le dernier coup porté à l'influence française dans la mer d'Oman.

Quant à la mesure qui me frappe, elle ne fut que la résultante de ma dépêche secrète à M. Delcassé; l'Entente cordiale ne pouvait, en effet, en subir le contre-coup.

Or, *Le Temps*, dans son éditorial du 5 Août 1905, affirme que *les Consuls en arrivèrent aux pires menaces*. Cela est totalement inexact; jusqu'à mon départ, les relations que j'entretins avec le major Cox, furent des plus correctes.

De plus, le *Petit Journal*, du 5 Août 1905, dans un article intitulé : *Les Boutriers de Mascate*, dit que le croiseur *Infernet* fit relâcher nos trois protégés, après 41 jours de détention et sans aucune indemnité.

L'erreur du *Petit Journal*, est complète. Malheureusement, la menace du Commandant de l'*Infernet* n'eut aucun effet, comme je l'ai déjà dit.

Mais, la plus grave de ces erreurs volontaires ou non, est celle que je relevai dans une publication illustrée et hebdomadaire, du 18 Janvier 1914, appelée : *Le Miroir*.

Dans un article, renfermant une description et des photographies intéressantes de Mascate, la brochure racontait que : « le Sultan de Mascate fit « molester nos nationaux, tandis que, dans le port, « ils se livraient à la manutention des armes. »

L'inexactitude de cette phrase se passe de commentaires.

Puis *Le Miroir* ajoute : *Le Gouvernement français menaça de bombarder Mascate.*

Aucune menace n'a pu être faite puisque mon télégramme à M. Delcassé, par lequel je demandais le bombardement du palais du Sultan et des excuses à notre pavillon, était chiffré.

Et enfin, que le Gouvernement anglais répliqua : *Si le bâtiment français bombardait Mascate, les bâtiments anglais tireraient sur le bâtiment français.*

La Presse et l'opinion publique furent ainsi induites en erreur, alors que l'Agent de la République avait été sacrifié pour complaire aux Anglais. Je laisse au lecteur le soin de juger en dernier ressort.

Mai 1910.

TABLE DES MATIÈRES

www.ingramcontent.com/pod-product-compliance
Ingram Content Group UK Ltd.
Pitfield, Milton Keynes, MK11 3LW, UK
UKHW022016170726
13837UKWH00001B/218

9 782329 201450